本书获得河南省哲学社会科学规划项目"乡村振兴背景下河南农地经营模式创新与政策变量选择研究"（项目编号：2021CJJ132）的支持

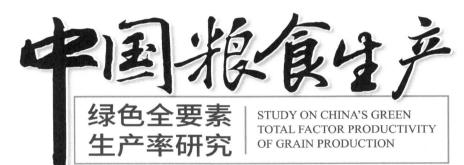

中国粮食生产

绿色全要素生产率研究

STUDY ON CHINA'S GREEN
TOTAL FACTOR PRODUCTIVITY
OF GRAIN PRODUCTION

罗丽丽 ◎ 著

经济管理出版社
ECONOMY & MANAGEMENT PUBLISHING HOUSE

图书在版编目（CIP）数据

中国粮食生产绿色全要素生产率研究 / 罗丽丽著.
北京：经济管理出版社，2025. -- ISBN 978-7-5243
-0254-4

Ⅰ. F326.11

中国国家版本馆 CIP 数据核字第 2025DJ8081 号

组稿编辑：杜　菲
责任编辑：杜　菲
责任印制：张莉琼
责任校对：蔡晓臻

出版发行：经济管理出版社
　　　　　（北京市海淀区北蜂窝 8 号中雅大厦 A 座 11 层　100038）
网　　址：www.E-mp.com.cn
电　　话：（010）51915602
印　　刷：唐山玺诚印务有限公司
经　　销：新华书店
开　　本：720mm×1000mm/16
印　　张：13.25
字　　数：204 千字
版　　次：2025 年 2 月第 1 版　　2025 年 2 月第 1 次印刷
书　　号：ISBN 978-7-5243-0254-4
定　　价：88.00 元

前　言

自中华人民共和国成立以来，在一系列"支农、扶农、惠农"政策措施的作用下，中国粮食产量在总体上呈现出快速增长的趋势，中国的粮食生产取得了举世瞩目的成就。国家统计局相关数据显示，1949 年粮食总产量为 11318.40 万吨，到 2023 年，粮食总产量已跃升至 69540.99 万吨。同期人均粮食占有量由 208.90 公斤增加到 492.95 公斤。面临由局部冲突以及极端天气引发的洪灾、旱灾等自然灾害所导致的全球粮食危机、化肥短缺和粮价暴涨等诸多粮食安全挑战的情况下，作为十多亿人口级别的农业大国，中国通过系统性粮食战略有效化解了国际粮价波动和供应链危机。在保障国内粮食供应安全和粮价稳定的同时，中国还是全球主要粮食出口国。因此，确保中国粮食安全问题，不仅关系到国内经济社会的稳定与繁荣，而且关系到全球粮食安全与发展。但随着经济发展和城镇化进程不断推进，作为粮食生产大国和消费大国，中国粮食安全形势出现了一些新情况和新问题。在既定经济发展战略和现有自然禀赋条件较短时期内难以改变的客观现实情况下，要保证粮食安全，改变粮食生产因普遍的环境污染而效率低下的状况，实现粮食生产向资源节约型和环境友好型的"两型"生产方式转变，需要实现由粗放型粮食增长方式向集约型粮食发展方式转变。本书在已有研究的基础上，通过核算在粮食生产过程中产生的碳源和碳汇，测算粮食生产过程中所产生的净碳源量。在此基础上将这一环境因素纳入粮食生产函数，运用超越对数随机前沿分析法对 2001~2022 年中国粮食生产绿色全要素生产率进行研究，得出如下主要结论：

第一，粮食生产绿色全要素生产率的增长率总体呈现出"高低互现"

的变动情形且变动较为剧烈。2001~2022年，考虑环境因素的中国粮食产量年均增长0.1344。其中投入加权年均增长0.0242，在粮食年均增长中仍然占有不小的比例。全要素生产率的年均增长率为0.1102，在促进粮食增产方面具有巨大潜力。随着城镇化和工业化的发展以及人口老龄化趋势凸显，农村劳动力和粮食播种面积等投入要素将不断减少，依靠投入要素的增加来确保粮食产量安全将变得越来越困难。因此，必须重视粮食生产全要素生产率的提高。

第二，在粮食生产的效率影响因素中，农村劳动力老龄化变量在样本期提高了粮食生产技术效率，而灾害率的上升降低了粮食生产的技术效率。一方面，相对于青壮年劳动力，老龄化劳动力进行粮食生产的经验更加丰富，所以在一定程度上老年人的高技能更有利于提高粮食产量。另一方面，相对于经济作物，粮食作物的机械化程度较高。随着农村机械化程度的提高，为了节省劳动力，老龄化劳动力更倾向于进行高度机械化的粮食作物的生产，而不是需要更多人力劳动的经济作物的生产，这样从事非农经济活动较少的老龄化劳动力的增加有利于粮食生产效率的提高。随着农村青壮年劳动力大规模向城市部门转移，农村劳动力结构将发生比较显著的变化，导致大量老人和妇女在农村从事农业生产，催生了农村劳动力老龄化和妇女化现象。为了有效保证粮食安全，应积极应对劳动力结构出现的变化，以人口高质量发展支撑农业现代化建设。

第三，粮食生产普遍存在环境污染效率损失问题。2001~2022年，中国粮食生产在全国及东中西部地区，考虑环境污染因素时的绿色技术效率比未考虑环境因素的传统技术效率分别低0.0180、0.0239、0.0210和0.0098。以上研究结果表明，中国粮食生产存在以大量消耗现代化学物资和牺牲环境为代价而增加粮食产量的情况。为了保证粮食安全，应以实现粮食生产的可持续发展与长期安全保障为目标。

第四，粮食生产的绿色全要素生产率与传统全要素生产率之间存在差距。在引入环境因素后，2002~2022年，中国粮食生产的绿色全要素生产率年均增长0.1102，而传统全要素生产率在样本期间年均增长0.1868。

分年度来看，在绝大多数年份，传统全要素生产率的年度增长率皆高于绿色全要素生产率的年度增长率。从全要素生产率的各项分解可知，在整个样本期间，平均而言，绿色技术进步的年均增长率、绿色规模报酬年均增长率以及绿色技术效率的年均增长率均分别低于传统技术进步的年均增长率、传统规模报酬年均增长率以及传统技术效率的年平均增长率。以上研究结果表明，粮食生产的绿色全要素生产率年均增长率较高，粮食生产的传统全要素生产率年均增长率有所降低。在粮食生产过程中因过度施用化肥等化学物质对环境的影响较大，间接生产成本较高。

根据以上研究结论，提出如下政策建议：

第一，提高粮食生产绿色全要素生产率，实现粮食生产方式的转变。政府、农业科研机构、粮食相关企业、粮食行业协会以及粮食生产者多方协作，增强粮食产业韧性，确保粮食安全，实现由"农业大国"向"农业强国"的转型。政府要持续优化有利于粮食生产方式创新的制度供给；农业科研机构要持续加强粮食生产科技创新；以粮食为原材料的相关企业要基于市场变化积极进行技术和组织创新；粮食行业协会要发挥好作为非政府组织的沟通、协调、服务和监督职能；粮食生产者要加强职业粮农的队伍建设，积极培育新型粮食生产主体。

第二，加大劳动力供给侧结构性改革，破解劳动力供给约束。实施"回归工程"，合理引导优质劳动力"返乡"；积极推进现代农村社会保障制度建设，为粮农提供更加良好的社会环境；推动农业机械化生产，缓解农业劳动力约束；激活农村素质教育新技能，提高农村劳动力人力资本水平；优化收益分配机制，提高粮农积极性。

第三，统筹粮食生产和环境保护，实现经济效益与生态效益双丰收。完善生产选择性激励政策，促进粮食绿色低碳生产；强化消费选择性激励政策，确保粮食优质优价；强化管理选择性激励政策，提升粮食综合生产能力；加强区域合作与联动治理，增强粮食安全的协同性与整体性；综合整治工业污染、城市污染和农业污染，持续增强粮食供给保障能力。

目　录

第一章
绪　论

一、研究背景和意义

（一）选题背景

1. 理论背景

从《国富论》开始，经济增长一直是经济研究的重要议题。索洛经济增长模型首次明确指出全要素生产率是促进经济增长的重要因素。索洛经济增长模型把技术进步纳入经济增长分析框架，研究了当劳动力和资本的投入减少时，经济长期增长的动力之源。随着经济的发展，经济增长的动力逐步由投入的增加转向效率的提高，尤其是经济的高质量发展，更强调经济效率的提升。全要素生产率是经济发展是否进入高质量发展阶段的重要指标。从经济学分析视角可知，粮食全要素生产率不仅是衡量粮食生产效率的关键指标，更是揭示粮食产出增长动力与潜力的重要着力点。然而，传统全要素生产率测算体系可能存在一定的局限性，从而导致其测算结果出现偏差，进而影响全要素生产率的提升机制的实现。为了更准确地测算中国粮食生产的全要素生产率，探究粮食增长的动力之源，有必要在传统粮食的生产函数以及增长核算方法的基础上进行相应的改进和补充，从而使测算结果更加精确。结合中国粮食生产的现状和特征，构建系统化和多维度的全要素生产率评估框架，以期为中国粮食安全保障提供更加规范化和科学化的理论支撑。

随着对生态保护和可持续发展等现实问题的认识不断深化，国内外学者意识到为了提高全要素生产率核算的科学性和准确性，应该将经济活动过程中所产生的能源消耗和环境污染等负外部性问题纳入全要素生产率的计算框架。绿色全要素生产率可以界定为把资源、能源和环境约束等变量加入传统全要素生产率核算框架，得到的减去劳动和资本等要素投入份额以及经济活动过程对生态环境的非合意影响之后的剩余部分。与传统全要素生产率的核算不同，绿色全要素生产率的估算不仅考虑了经济增长过程中的直接费用，而且纳入了因环境污染等产生的间接成本。因此，绿色全要素生产率弥补和修正了在全要素生产率核算过程中产生的偏差与不足。农业是经济再生产与自然再生产的统一。由于生产周期长和容易受外部冲击的影响，相对于其他产业，农业生产在生产率方面不具备优势。农业的高质量发展需要结合农业的现状及特点，统筹实现农业的经济效益、社会效益和生态效益。绿色全要素生产率的不断提高不仅是实现农业现代化的内驱动力，更是突破生态资源约束从而促进经济增长的核心机制。

2. 现实背景

"无农不稳，无粮则乱"。中国人口众多，粮食问题一直是党中央治国理政的头等大事。2001年至今，粮食生产取得了举世瞩目的成就，中国不仅解决了自己的粮食供给问题，而且还向国外提供了可观的粮食援助。从图1-1可以看出，2001年，中国粮食产量为45263.67万吨，到2022年粮食产量达到68652.77万吨，22年间共增加了51.70%，年均递增2.35%。粮食产量的增加有利于保障粮食安全，而保障粮食安全是农业发展的永恒主题。随着经济的发展，粮食安全的内涵不断深化，由浅入深可分为以下四个层次的粮食安全。

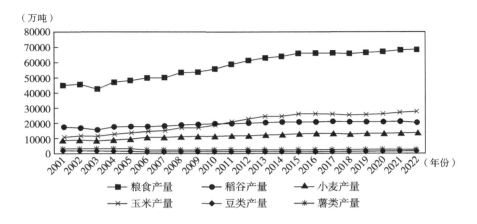

图 1-1　2001~2022 年中国粮食及其主要品种产量

资料来源：国家统计局网站（http：//data. stats. gov. cn/easyquery. htm？ cn＝C01）。

　　第一层次的粮食安全为粮食的数量安全，即仅以粮食的产量安全或实现温饱为目标的粮食安全保障模式。这一层次的粮食安全一般强调口粮作物的产量保障，很少考虑粮食的质量以及相应的生态效益。作为人口大国和农业大国，切实保障稻谷和小麦等口粮的稳产供应是保障国家粮食安全的根本举措。全方位夯实粮食产量安全的主体地位，把提高粮食安全保障水平作为转变农业发展方式的重要任务。基于资源禀赋优势，构建"双循环"格局下粮食安全战略范式。通过实现要素优化组合来实现粮食种植结构优化，强化耕地用途管制，坚决遏制耕地"非粮化"，严格管控"非农化"，把中国人的饭碗牢牢端在我们自己手上。同时，重视粮食储备安全的重要作用，加强构建极端天气风险防范应对机制，强化粮食储备管理，实现"手中有粮，心中不慌"的保障目标。在中国，长期以来食物安全的中心就是作为主粮的粮食供给安全。在以粮食生产为中心的农业发展方针指导下，粮食的生产不断取得重大突破。经过从改革开放至今多年来的不懈奋斗，中国的粮食生产实现了历史性的丰收。在粮食总量持续增加的基础上，人均粮食占有率也不断增加。目前，人均粮食占有量远高于国际粮食安全标准线，使中国的温饱问题得到了基本解决。粮食生产正处于历史最好的时期。

第二层次的粮食安全为粮食的质量安全。随着经济的不断发展，生活水平持续提高，只强调粮食产量增长的生产方式已无法适应人民不断升级的食物消费需求。在数量型粮食安全得到满足之后，粮食的质量安全被提出，人们对食物提出了更高的要求。粮食生产要符合国家粮食安全标准，加工、运输以及仓储过程需接受严格的监管，从而保障食物具有多样性、优质性以及安全性。实现粮食安全目标由单一追求产量增长转向追求产量与质量并重，实现从"吃得饱吃得好"到"吃得营养吃得安全"的观念转变。

第三层次的粮食安全为粮食的结构安全。居民膳食结构的升级是在粮食的数量安全和质量安全实现基础上进行的食物消费结构的进一步科学规划。改革开放以来，城乡居民收入水平不断提高，饮食消费模式随之发生了质的改变。食物需求已经跨过主粮"吃得饱"阶段，发展到了需要减少主粮消费，增加肉蛋奶、瓜果蔬菜消费的"吃得好"阶段。该阶段的粮食安全要求食物种类更加丰富，饮食结构更加优化。这对食物供应数量和结构均提出了新的要求。从达成满足人民对美好生活需要的目标出发，落实大食物观和大农业观，要在筑牢粮食安全防线的基础上，下大力气抓好肉类、蔬菜、水果和水产品等重要农产品的供应，推动食物供给由单一生产向多元供给转变。在粮食种植结构方面，科学规划口粮、饲料粮与大宗商品三类作物种植的配比。在粮食供需结构方面，坚持粮食数量与质量并重原则。在粮食生态结构方面，促进农田生态系统的良性循环，构建潜在风险高效预警治理机制。在保障人民"米袋子""菜篮子"等生活必需品供应充足和品质优越的基础上，协调农业各部门资源的优化配置，全面推动农业现代化进程的实现。

第四层次的粮食安全为粮食的产业安全。中国是世界上最大的粮食生产国与消费国，确保粮食从生产到餐桌各个环节的顺利实现是确保粮食安全的重要组成部分。当前，粮食流通环节仍存在流通设施落后、产品标准化程度较低和流通环节过多等一系列不利于国内粮食产业链稳定供应的因素。产业型安全是基于大农业观的指引，将农业发展成为上、中、下游产业链间相互协调、合作共赢的多功能、全方位和多层次的综合性立体农业安全体系。传统的粮食安全观主要重视稻谷、小麦、玉米等主粮生产，将有限的耕地资源优先用于粮食生产，导致粮食与其他重要农产品的播种面积之间出现此消彼长的局面。在人民群众食物消费多元化转变的新形势下，单纯依靠土地的投入无法解决粮食安全问题，要充分利用各地资源禀赋，全方位、多途径地开发食物资源，宜粮则粮、宜经则经、宜牧则牧、宜渔则渔、宜林则林，形成同市场需求相适应、同资源环境承载力相匹配的现代农业生产结构和区域布局，实现各类食物供求平衡。推动产购储加销全链条协同发力，为更高效的食物供给打下坚实基础。大食物观理念需要以"大粮食""大产业""大市场""大流通"为支撑。高度重视农产品全国统一大市场和大流通体系的建设，从顺应消费端的需求结构变化出发，全面发力打通生产、仓储、加工、分配、流通、消费等各个环节，提高市场运作效率，加快补齐农产品加工配送和产地预冷藏保鲜基础设施的短板，确保多元化食物产得出、供得上、供得优。

在粮食产量不断增长的情况下，随着经济发展和城镇化推进，作为粮食生产大国和消费大国，中国粮食安全形势出现了一些新情况和新问题。从供求关系来说，在1978～2010年的30多年时间里，中国粮食出现供小于求的情况有16年，出现供大于求的情况有11年，但是此后几年总体上供大于求，差额为23846.1万吨。2010年，由于连续6年增产，中国粮食盈余量增加至历史最高水平的9376.6万吨，但这也仅相当于当年粮食消费量的1/6。从以上数据可知，中国的粮食供求关系依然是一种紧平衡的情况。一般而言，一个经济体在一定时间的粮食需求量是既定的，那么其粮食安全程度则基本上取决于其粮食供给能力。对于中国而言，情况依然如此，并且中国国内粮食生产是粮食总供给的主要部分，是保证中国粮食供需平衡的主要因素（史常亮和金彦平，2013）。虽然目前中国粮食生产供应处于历史最好时期，但是粮食供求远未达到"高枕无忧"的形势。一方面，由于水土资源条件有限且受到资源环境的约束，保持粮食耕地面积及提高单位耕地面积产量的压力将越来越大。未来粮食高位护盘、高位增产的难度明显变大，保障粮食的数量安全仍将是未来中国粮食发展过程中需要完成的重要任务和面临的必要挑战。另一方面，受农业发展水平、基础设施条件以及加工储运能力的制约，中国粮食供应结构的调整速度跟不上需求结构的变化，从而使得现阶段粮食供给存在结构性短缺现象，突出表现为大豆油料自给率偏低。此外，绿色优质农产品供给不足等粮食供给突出问题，使得粮食供给的安全性、有效性和稳定性受到严重挑战。面对粮食供求仍将长期处于紧平衡状态的现实，落实大食物观，绝对不能降低粮食生产指标。要把提高粮食综合生产能力放在更加突出的位置，推动粮食安全进入数量与质量并重的新阶段。为此，要转变粮食生产方式，摒弃粗放的投入驱动型增长方式，实现以提高效率为中心的集约型增长方式，实现粮食生产的绿色高质量发展。

粮食生产的绿色发展与粮食生产过程中的污染能否得到有效防治密切相关。在国家大力治理工业污染，以及其得到基本控制的情况下，农业污染却日益严重。根据第一次全国污染源普查结果可知，农业污染已经取代工业污染成为当前环境污染的主要污染源。以水污染为例，农业污染是水污染的最大污染源。农业污染也是导致耕地质量下降、粮食等农产品质量低下的主要原因。农业污染为解决中国乃至世界的粮食问题增加了困难度和复杂性。在解决粮食生产问题的同时，不仅要考虑传统的资源约束问题，还要考虑污染控制问题。以上问题的解决与人类的生存环境以及社会经济的长期可持续发展密切相关。因此，把环境因素纳入粮食生产的技术效率和全要素生产率研究中，探讨污染减排的基本思路和路径，对于粮食安全和农业的可持续发展以及乡村振兴具有重要意义。

党的十八大以来，党中央、国务院高度重视农业绿色发展。农业绿色发展是生态文明建设的题中之义。2017 年《中共中央办公厅 国务院办公厅关于创新体制机制推进农业绿色发展的意见》印发，这是党中央关于农业绿色发展的纲领性文件，为构建农业绿色发展的政策体系奠定了基本框架。2018 年的中央一号文件提出要"以绿色发展引领乡村振兴"。绿色发展成为推进乡村振兴的重要动力与发展方向。2020 年中共中央政治局会议做出了中国已进入高质量发展阶段的重大形势判断,这为农业绿色发展进一步指明了方向。高质量发展要求在促进经济增长的同时,关注质量、效益以及可持续性,全面提高全要素生产率,推动产业结构升级和创新驱动发展。在高质量发展要求背景下,农业绿色发展受到更多关注。2021 年《"十四五"全国农业绿色发展规划》出台,作为首部农业绿色发展专项规划,指出到 2025 年全面推进农业绿色发展,农业生产方式绿色生产转型要取得显著进展。推进农业绿色发展是保障国家粮食生态安全与实现农业可持续发展的重要途径。农业可持续发展需要坚持"绿水青山就是金山银山"的发展理念,将提升农业资源配置效率作为绿色发展的实现路径,把有效防治农业污染作为可持续发展的方式。

(二)研究意义

本书的研究具有如下理论意义和实践意义:

1. 丰富现有经济增长理论

经济增长理论自亚当·斯密的开创性研究以来,历经古典主义、新古典主义、内生增长理论等研究范式的演进发展,始终致力于揭示不同形态经济的增长动力机制。既有研究通过要素积累、技术进步、制度创新等多维度经济增长因素构建了丰富的理论框架。本书基于超越对数随机前沿生产函数构建粮食生产绿色全要素生产率分析框架,从理论上推动了经济增长理论与可持续发展研究的范式融合。相较于传统柯布—道格拉斯生产函数,超越对数函数通过引入二次项与交叉项,突破要素替代弹性不变假设,更加精准地刻画粮食生产中播种面积、劳动力与化肥等生产要素的非线性交互关系。创新性地将粮食生产过程中产生的净碳源量这种非期望产出纳入效率前沿面,构建包含资源约束与环境成本的绿色生产效率指标体系,弥补了传统全要素生产率测算中生态外部性内部化不足的理论缺陷。

2. 有利于探索适用于中国国情和农情的科学测算粮食全要素生产率的方法

中国农业全要素生产率测算面临理论与方法论的双重挑战。一方面，小农经济主导下的土地细碎化、要素市场分割等结构性特征，导致传统索洛余值法基于完全竞争市场假设的测算存在系统性偏差，而现有的农业全要素生产率估算主要利用农业经济增长数量减去劳动以及资本的贡献而得。另一方面，现有研究大多采用参数化生产函数或非参数数据包络分析法，前者难以捕捉要素替代弹性的动态异质性，后者则无法有效分离随机扰动与技术无效率。本书结合中国粮食生产特点，构建随机前沿生产函数，运用一步法对粮食全要素生产率进行估算，并进行技术无效率项影响因素研究，为粮食生产全要素生产率的提高以及粮食的可持续发展提供理论和实证依据。

3. 有利于统筹区域粮食经济的可持续发展

从粮食生产现状可知，尽管中国粮食总产量取得了重大成果，但粮食生产面临着弱质性与非均衡性的双重发展困境。本书通过收敛性检验，对区域粮食生产技术效率进行差异性研究。这种技术追赶效应的空间差异性影响着粮食主产区与非主产区的协同发展。以上研究为构建"中心—外围"协同发展机制提供理论依据，即通过技术效率的梯度扩散和粮食生产要素配置的帕累托改进，可以实现区域粮食经济的动态均衡发展。特别是在耕地资源刚性约束下和环境保护的客观要求下，提升绿色技术效率和绿色全要素生产率成为突破资源环境瓶颈的关键路径。从传统生产向绿色生产研究范式的转变，为破解农业现代化进程中的"索洛悖论"提供了新的分析视角。在当前背景下，研究中国粮食生产的绿色技术效率和全要素生产率的空间分布状况与特征，有利于正确认识各地区在粮食生产过程中对前沿技术及生产要素的利用程度，这对于统筹协调区域粮食经济的发展，实现国内粮食安全保障具有一定现实意义。

4. 为中国"两型农业"理念提供可行性分析框架

相较于传统的数据包络分析方法，本书构建的超越对数随机前沿生产函数运用一步法对粮食生产函数进行估计，并通过技术无效率项的影响因素，能够更精确地识别环境约束下的粮食生产技术效率损失来源。发展以生态优先、绿色低碳和循环高效为核心的资源节约型和环境友好型农业，需要通过技术创新和产业协同来构建可持续的农业生产体系。基于以上研究，粮食生产绿色全要素生产率的测算及分解将为粮食生产创新模式提供理论支持，通过绿色生产实现经济效益和环境效益的双赢；通过构建"两型农业"创新发展框架，逐步实现粮食生产从传统粗放模式向绿色化、智能化和高值化转型，为农业可持续发展和农业"双碳"目标提供支撑。

二、概念界定

（一）技术效率

经济学把效率的基本概念定义为投入产出比。根据西方经济学关于经济效率的界定可知，Pareto（1896）提出的帕累托有效率配置是资源配置有效率状态。Samuelson（1948）把没有浪费称为效率。借鉴经济学家对效率的相关研究成果可知，生产效率是在一定技术水平和社会形态下，一个国家或地区的经济体在投入既定情况下达到产出最大化或在产出既定情况下实现投入最小化。经济效率是对一个国家或地区经济运行是否有效的度量。技术效率是指在既定技术条件下，生产单元利用既有资源实现最大可能产出的能力，或生产特定产出时实现最小资源投入的能力。技术效率的核心是衡量实际生产与理论最优生产前沿的接近程度。

（二）全要素生产率

生产率反映各种生产投入要素的利用状况。根据测算方式的不同，这一概念又可以进一步区分为两个相互区别的经济学概念：单要素生产率以及全要素生产率。前者是仅仅考虑一个要素的生产率。而全要素生产率则是把全部的生产要素都考虑进去，是指没有被要素投入解释的部分（Kendrick，1961），这在一定程度上说明了经济增长的质量（陈诗一，2010）。全要素生产率的变化可以归结为技术进步以及技术效率两部分。后者包括纯技术效率以及规模效率（Färe & Primont，1994；Battese & Coelli，1995；Kumbhakar et al.，2000）。与传统的单要素生产效率相比，基于全要素生产率框架的粮食效率指标将"单要素投入"扩展为"多要素投入"，考虑不同要素投入组合，从而能够更好地反映粮食生产效率的内涵。全要素生产率的增长率是指减去要素投入增长之后的增长率。

（三）绿色技术效率和绿色全要素生产率

当前，中国仍然处于工业化中后期的发展阶段。粗放型的增长方式带来了严重的环境污染、持续退化的生态环境和约束趋紧的资源禀赋等经济问题。曾经的高投入、高能耗和高污染的增长方式在经济发展过程中仍然存在。保护生态环境就是保护生产力、改善生态环境就是发展生产力等科学论断为经济的高质量发展指明了方向。推动资源、环境和经济协同发展，要立足新发展阶段，坚持系统理念，加快经济社会绿色低碳转型，走出一条具有中国特色的资源、环境和经济协同发展的高质量发展之路。因此，在考察经济效率时，要综合考虑经济发展日益受到的资源和环境约束。Ramanathan（2005）把生产过程中的污染当成一种未支付的投入纳入生产函数中，据此计算出的全要素生产率就是绿色全要素生产率或者称之为环境全要素生产率。

粮食生产的绿色技术效率和绿色全要素生产是指在对技术效率和全要素生产率的定义充分认识的基础上，结合粮食生产的特点、投入要素的可衡量性和数据的可获得性，把环境因素纳入其中的技术效率和全要素生产率。本书的绿色技术效率既考虑劳动和土地等投入，还把粮食生产过程中所产生的净碳源量作为投入纳入生产函数，考察把环境因素纳入生产函数后，粮食绿色生产与最大产出边界的距离，为粮食的绿色低碳发展提供决策依据。

三、研究方法

本书按照理论联系实际的研究思路，采用理论分析与实证分析相结合的方法，在对中国粮食生产历史与现状进行梳理的基础上，测算得出粮食生产的绿色技术效率和绿色全要素生产率。从时间和空间两个维度对粮食生产的绿色技术效率和绿色全要素生产率的演变规律进行总结分析。把纳入环境因素的绿色技术效率和绿色全要素生产率与未考虑环境成本的技术效率和全要素生产率进行比较分析，在此基础上提出实现粮食绿色低碳发展的路径。本书具体的研究方法如下：

（一）文献研究法

查找、归纳并总结与本书研究相关的文献资料，对国内外与经济增长、全要素生产率、绿色全要素生产率、农业全要素生产率以及农业绿色全要素生产率相关的文献进行梳理，重点考察农业全要素生产率以及农业绿色全要素生产率的最新研究成果与进展，掌握农业全要素生产率以及农业绿色全要素生产率研究的现状和存在的问题，归纳和总结与全要素生产率相关的理论基础，阐述以上理论与本书的主要关系，为研究问题的提出和分析提供理论依据。

（二）比较分析法

比较分析法是社会科学研究中重要的研究方法。本书采用发展经济学、环境经济学和计量经济学等多学科相结合的研究范式，探究了粮食生产的绿色技术效率和绿色全要素生产率。利用 2001~2022 年中国 30 个省级行政单位面板数据，运用超越对数随机前沿生产函数对粮食生产的技术效率和全要素生产率进行研究。为了分析环境因素对粮食生产效率的影响，在投入劳动和耕地等生产要素得到粮食产量这个期望产出的基础上，将粮食生产过程中所产生的净碳源量作为非期望产出纳入生产函数中，分别计算得出粮食生产过程中未考虑非合意产出和考虑非合意产出的技术效率和全要素生产率。将中国粮食生产的绿色技术效率和绿色全要素生产率进行区域维度的横向对比，并置于时间维度进行纵向的历史对比；分析和比较中国粮食生产在环境约束下和不考虑环境状况下的生产情况。以上比较分析，能较全面地反映中国粮食生产的真实情况，为粮食生产的稳定和可持续发展提供分析框架。

（三）定量分析与定性分析结合法

在对中国粮食生产的绿色技术效率和绿色全要素生产率进行研究时采用定量分析与定性分析相结合的方法。定性分析为定量研究提供理论框架与相关变量选择依据，定量分析则为质性判断提供数据支撑。本书遵循"模型建构—提出假设—实证分析—研究结论—政策建议"的分析路径对研究内容进行分析。首先基于经济增长理论构建粮食生产的超越对数随机生产函数，其核心为基于可量化的数据指标构建数理模型，并以统计结果为结论的推断依据。通过构建生产函数并进行变量选取，通过可观测的劳动、化肥和粮食播种面积等变量来揭示粮食产量增长的源泉。其次采用随机前沿生产函数一步法对随机前沿生产函数及其效率损失函数进行估计，并给出模型的各种约束检验，以考察所用模型的稳健性。最后对全要素生产率进行分解，考察在考虑环境因素的情况下中国粮食生产增长的源泉。计算得出在考虑环境因素的情况下，中国粮食生产过程中的要素投入产出弹性和成本份额。在要素投入产出弹性和成本份额计算的基础上，计算出劳动力、化肥、播种面积和净碳源量四种要素的加权投入增长效应和调整的规模效应。在实证分析基础上，把绿色全要素生产率及其分解与传统的全要素生产率及其分解进行区域比较分析。

四、研究内容与结构安排

本书基于农业绿色可持续发展背景，以实现粮食安全为目标，聚焦粮食生产方式转型的核心问题。以环境因素对粮食绿色全要素生产率的影响机制为研究主线，系统探究在环境因素约束下粮食绿色全要素生产率的演变规律及粮食生产方式的转型路径，为解决长期以来粮食生产过程中存在的高资源投入和高能源消耗所带来的一系列生态环境问题提供思路。针对环境污染显著的负外部性特征，本书重点构建纳入非合意产出的超越对数生产函数。通过理论建模与实证检验相结合的研究范式，深度解析粮食绿色全要素生产率及其分解。基于以上研究，形成多维协同的政策框架体系，为构建环境约束下粮食生产绿色转型的动态适配机制提供理论支撑与实践指引。本书致力于破解高资源消耗型农业生产模式引致的生态环境困境，以推动农业生态经济系统协调可持续发展。

首先在现有理论和文献的基础上，测算出了粮食生产过程中的净碳源量，其次将此变量作为一种投入要素，与劳动、资本、播种面积一起纳入粮食生产的随机前沿生产函数式中，将农村劳动力的女性化、老龄化和受教育水平作为劳动力结构变化的指标，并结合灾害率，来估计粮食生产过程中的效率损失函数。基于模型估计结果，计算得出粮食生产绿色全要素生产率，并将其分解为考虑环境因素情况下的技术效率、技术进步及规模效应。基于绿色全要素生产率的分解，探究粮食产量增长的动力来源。本书以中国粮食生产的绿色全要素生产率为研究对象，具体结构安排如下：

第一章，绪论。主要阐述研究的背景及意义。从中国粮食生产的现状和面临的问题出发，引出研究问题的背景。基于研究背景，提出研究问题，并论述研究的理论意义及实践意义。接着介绍研究方法，阐明各章节的主要研究内容，并在此基础上提炼和归纳出研究的主要创新点。

第二章，文献回顾与评述。基于研究对象及内容，对现有的国内外关于经济增长理论、全要素生产率、绿色全要素生产率、农业全要素生产率以及农业绿色全要素生产率的文献进行回顾与归纳。通过以上的文献归纳与总结，为粮食生产绿色全要素生产率研究构建逻辑框架。此外，系统梳理影响农业全要素生产率的制度因素、农业政策、自然因素和气候变化以及劳动力方面的相关研究文献，并对全要素生产率与农业经济增长关系的相关文献进行了总结，以期为提高粮食生产绿色全要素生产率的实现路径提供理论支撑。

第三章，粮食生产的现状、政策及困境探析。作为农业大国和人口大国，新中国成立以来，尤其是改革开放以来，粮食生产取得了巨大成就。根据粮食总产量的变化趋势，可将粮食生产划分为波动上升时期、迅速上升时期、高低波动时期和稳定发展时期四个阶段。人均粮食占有量的变化趋势呈现如下特征：人居粮食产量实现稳定跨越、粮食供给能力实现质的提升，既保证了口粮绝对安全，也进一步实现了饲料粮转化以及工业用粮的结构升级，标志着粮食安全从数量安全向质量安全的新维度演进。同时，中国粮食生产结构也经历了深刻的演变过程，呈现鲜明的阶段性特征。新中国成立之初，稻谷作为传统优势作物，长期占据粮食生产主导地位，而随着城乡居民膳食结构升级和养殖业的迅速发展，粮食生产进入结构调整期。玉米产量在 2011 年首次超过稻谷产量，成为第一大粮食作物，形成"玉米主导、稻麦并重"的新格局。处于豆类产量主体地位的大豆，面临供需失衡加剧的现状。近年来，中国粮食生产的重心呈现显著的"北移"趋势，形成"北粮南运"的跨区域供给格局。在粮食流通体制改革后，市场信号对种植结构的调节作用日显，与区域资源禀赋共同塑造了各具特色的粮食生产区域分工格局。为了进一步夯实粮食安全根基，新中国成立后粮食产业政策从最初的自由购销到统购统销，从"双轨制"到市场经济完善时期，从粮食支持保护政策时期到新时代粮食流通体制改革时期，形成了具有中国特色的粮食治理体系。政府对粮食生产、流通、分配的调控有紧有松，但时时刻刻体现出了国家对粮食安全的重视。粮食安全政策具有如下特征：以人民利益为中心的本质属性、逐步市场化的基本演进路径、平衡经济主体利益是政策变迁的最大动力、服务国家发展战略是政策调整的基本原则。在粮食产业政策的支持下，粮食生产取得了巨大成就，但粮食的可持续发展还面临着如下困境：自然灾害威胁、品种结构有待优化、区域布局不合理、技术适配性不足、劳动力结构性矛盾突出以及金融服务水平落后。通过对粮食生产现状、政策演进以及面临困境的分析，将为本书对粮食生产绿色全要素生产率的相关研究提供现实基础。

第四章，粮食生产的碳源和碳汇分析。首先对农业的碳排放和碳吸收的相关文献进行了回顾，为本章的研究提供理论基础。其次对粮食生产过程中产生的碳源和碳汇进行了概念界定。在此基础上计算了在粮食生产过程中包括化肥、农药、农机、农膜和灌溉等生产投入在生产、运输及使用过程中所产生的碳排放总量，以及主要包括粮食作物自身在生长期内的固碳、土壤固碳和秸秆还田固碳等在粮食作物生产系统中所产生的碳汇。最后在得到碳源和碳汇相关数据的基础上，计算得出粮食生产过程中所产生的净碳源量。

基于 2001~2022 年中国粮食生产的碳核算数据，本书从总量、结构及区域三个维度梳理粮食生产过程中产生的碳源、碳汇以及净碳源量特征，揭示碳循环的演变规律及其驱动机制。在总量层面，粮食生产过程中碳排放呈现持续增长态势，其增速显著超过粮食生产过程中固碳能力的提升幅度，导致净碳源规模不断扩大。这种总量失衡折射出现代农业的深层矛盾：机械化、化学化等集约生产模式在提高产量的同时，加剧了能源与资源依赖型碳排放，而单一化种植体系与耕地生态功能退化，则制约了农田生态系统的碳汇潜力。结构分析表明，碳排放主要源于化肥施用等生产要素投入环节，其中农机作业的碳排放随着规模化经营的推进持续加重。碳吸收过程则面临传统固碳作物萎缩、秸秆还田效率低下等结构性短板，削弱了农业系统的自我调节能力。在区域维度层面，东部地区通过技术替代与产业转型率先开启减排进程，但面临耕地功能转换带来的新挑战；中部粮食主产区受高产目标驱动，陷入高投入、高排放的发展路径依赖；西部地区则在生态保护与资源约束下探索特色低碳模式，但受限于政策支持力度与市场激励不足。粮食生产的碳循环演变是政策导向、技术创新与自然条件共同作用的结果，破解碳赤字需统筹产量保障与生态功能修复，建立适应区域特征的差异化治理框架。

第五章，中国粮食生产的随机前沿分析。首先基于随机前沿生产函数，推导得出产出增长的分解。其次根据研究目的和方法，为了使本书模型具有较大的灵活性和包容性，能更好地反映各投入要素的交互作用和技术进步可能存在的非中性，设定超越对数随机前沿生产函数模型来估计生产函数。再次介绍了本书实证分析过程中所使用的数据来源，并用一步法对模型进行估计。在模型估计之前，对直接关系到研究结论正确与否的生产函数形式的设定进行了检验。检验包括研究所要使用的生产函数具体形式的选择，以及技术效率的影响因素是否存在等方面。最后基于对模型的检验结果，对最终所选模型进行回归分析。

第六章，中国粮食生产的绿色技术效率分析。运用所选生产函数的回归结果计算得出中国粮食生产的技术效率。对比分析考虑环境因素和不考虑环境因素两种情况下粮食生产的技术效率。在粮食生产的技术效率存在时间和空间异质性的情况下，将新古典经济增长理论中收敛假说的思想和方法应用到中国粮食生产的绿色技术效率的收敛性检验中。首先，选择绿色技术效率的标准偏差对全国和东中西部的绿色技术效率进行 σ 收敛性分析。其次，在前文研究的基础上，对在涵盖了环境这一新的要素之后计算得到的绿色技术效率的 β 收敛性进行了相关研究。最后，采用面板数据的双向固定效应模型对中国各省份粮食生产的绿色技术效率进行条件 β 收敛性检验。

第七章，中国粮食生产绿色全要素生产率分解。首先计算了在考虑环境因素的情况下，中国粮食生产过程中劳动力、化肥和播种面积等常规性要素投入的产出弹性和成本份额。在计算得到要素投入产出弹性和成本份额基础上，测算了劳动力、化肥、播种面积和净碳源量四种要素的加权投入增长效应和调整的规模效应。其次将纳入环境这一新的要素之后计算出来的绿色全要素生产率及其分解的结果，与没有纳入环境要素所计算出来的传统的全要素生产率及其分解的结果进行对比、区分，以考察在粮食生产过程中所产生的环境污染对粮食生产的全要素生产率的影响。

第八章，研究结论、政策建议与展望。首先归纳了研究内容与研究结论，其次提出有针对性的政策建议，并对未来研究进行展望。

五、创新点

（一）系统分析在粮食生产过程中所产生的碳源和碳汇

当前有关农业碳源和碳汇的文献中，涉及中国农业碳源和减排方面的研究较多，而对农业碳汇方面的研究相对较少。在粮食的相关文献中，关于二者的研究更少。但是作为农业的重要组成部分，粮食作物在生产过程中不仅是重要的碳排放源，也是重要的碳汇源。对二者任何一方的忽略都不能很好地评价中国粮食作物在目前的环境生态系统中的作用。因此，本书在现有研究文献的基础上，分析粮食生产过程中碳排放的过程，即主要的碳源途径，以及粮食生产过程中碳输入的过程，即主要的碳汇途径，并在此基础上计算得出本书的环境投入要素——净碳源量。

（二）将环境因素纳入粮食生产的技术效率和全要素生产率的研究框架

已有较多文献对中国粮食生产的技术效率和全要素生产率进行了相关

研究，在构建技术效率和全要素生产率的指标时，虽然考虑了劳动力、资本、化肥、机械和播种面积等生产要素的投入以及粮食产量等合意的产出，却忽略了在粮食生产过程中所产生的副产品——碳排放量等非期望产出。本书在前人研究基础上，将净碳源量这一非合意产出纳入技术效率和全要素生产率的测算框架，修正了传统测算中由于忽略了环境因素所产生的对粮食生产过程中技术效率和全要素生产率水平的过高估算。

（三）对粮食生产的增长率和全要素生产率的增长率进行相关分解

现有研究中，对粮食生产的增长率和全要素生产率的增长率的分解相对较少。本书在推导得出产出增长的理论模型基础上，将粮食生产的产出增长率分解为投入增长的加权和、调整的规模效应、技术进步和技术效率的增长四个部分，并分析了不同部分对粮食产出增长的贡献及其份额。

（四）比较分析在纳入环境因素前后技术效率和全要素生产率的核算结果

在计算技术效率和全要素生产率两个指标时，已有文献和研究鲜有考虑环境污染这一非合意产出。即使有少量的研究考虑了环境因素，也仅仅是研究考虑环境因素后以上两个指标的演变规律，并没有对考虑环境要素和未考虑环境因素的计算结果进行比较研究，本书对二者的异质性进行了对比分析，以期更好地研究中国粮食生产情况，同时实现粮食生产的经济效益、社会效益与生态效益。

六、本章小结

本章主要介绍本书的研究背景、研究意义、相关概念界定、研究方法、研究内容、结构安排以及主要创新点。在"双碳"战略目标约束与农业资源环境紧平衡的双重压力下，传统以牺牲生态为代价的粮食增产模式已不可持续。粮食生产绿色全要素生产率通过综合考察粮食产出增长与资源环境成本，成为评估农业高质量发展的核心指标。本书聚焦中国粮食绿色生产的影响机制，旨在揭示粮食生产方式转型中增产、减排与降耗协同增效的内在规律，为破解粮食安全与生态安全的双向锁定困境提供理论依据，对实现由农业大国向农业强国转变具有重要现实意义。基于经济增长理论对经济增长问题的探寻，为研究提供理论基础。随着中国经济已经由高速增长阶段转向高质量发展阶段，人们的消费需求发生了变化，粮食安全的内涵进一步扩展，这对粮食生产提出了新的要求。基于以上现实背景，对粮食绿色生产进行探析，以夯实粮食安全根基，实现农业高质量发展，具有重要的理论意义及实践意义。为了全面估算粮食生产绿色全要素生产率需对相关概念进行界定。通过厘清技术效率、全要素生产率、绿色技术效率和绿色全要素生产率等概念的理论边界与测度方法，为构建农业绿色生产技术效率和绿色全要素生产率的分析框架提供理论基础，也为后续实证模型设定与政策设计奠定逻辑基础。基于"现状分析—提出假设—实证分析—研究结论—政策建议"的演进思路，主要采用文献研究法、比较分析法、定量分析与定性分析相结合等方法进行了文献回顾与评述，为净碳源量、技术效率、全要素生产率、绿色技术效率与绿色全要素生产率的测算，以及绿色全要素生产率与产出增长的核算与分解提供分析框架。

第二章
文献回顾与评述

全要素生产率的学术源流可追溯至 Solow（1957）的开创性研究，其通过构建新古典增长模型首次将技术进步与要素投入相分离，将产出增长中无法被资本和劳动解释的"残差"，即"索洛余值"定义为全要素生产率，由此建立经济增长核算的理论框架。Denison（1974）通过对增长核算法的精细化应用，将美国 1909~1949 年的全要素生产率的增长分解为知识进步、资源配置优化等结构性动因，从而推动全要素生产率从抽象概念向可量化指标的转化。20 世纪 80 年代，Jorgenson 等（1987）通过运用超越对数生产函数，系统解决了要素替代弹性可变条件下的全要素生产率的测算问题，其构建的资本服务测度框架与质量调整方法极大地提升了测算结果的可信度，标志着全要素生产率的计量研究进入成熟阶段。

在农业领域，全要素生产率的相关研究呈现出显著的学科交叉性特征。在全要素生产率的测算方法层面，既有研究延续了传统增长核算法，也有相关研究采用数据包络分析与随机前沿分析等非参数或参数方法对农业全要素生产率进行分解。在全要素生产率的测算对象选择上，既有研究重点强调土地等要素在农业生产过程中的重要地位，也有相关研究论证了家庭劳动力在农业生产活动中的配置对农业全要素生产率测算的影响。而随着气候变化对全球经济生活产生越来越重要的影响，气候因素和环境政策等外生变量对农业全要素生产率的冲击效果也逐渐引起了越来越多的关注与研究。

在农业全要素生产率增长的相关因素解析中，相关研究主要考虑了制度因素、自然因素和劳动力投入等要素的作用。制度因素的研究分为以下三方面：制度变迁理论视角下的土地产权改革效应、诱致性创新框架下的价格政策传导机制和合约理论衍生背景下的农业组织模式效率比较。自然因素方面，则从静态地理禀赋相关研究演变到动态气候变化的影响研究，尤其是极端天气状况对农业全要素生产率的影响得到越来越多的关注。而关于劳动力投入等要素的研究主要考察的是人力资本的异质性特征以及随着经济发展所产生的人口结构特征变化和人口迁移的效应。

基于本书研究目标及内容，本章对西方经济学说史中全要素生产率相关理论的演进脉络展开系统性文献梳理。首先对已有的经济增长理论、全要素生产率理论的发展，农业全要素生产率核算中的测算对象、测算方法和约束条件等相关文献进行系统归纳与总结。在此基础上，对于影响农业全要素生产率增长的相关因素进行文献梳理。其次对全要素生产率与农业增长二者关系的相关文献进行回顾，并对以上文献进行评析，提出本书的研究对象和研究内容。

一、经济增长理论

随着工业革命的兴起，资本主义经济快速发展，社会对财富的积累和分配问题倍加重视。关注资本积累、劳动分工和经济增长的古典经济学应运而生。经济增长理论旨在解释经济长期发展的动力、机制及其影响因素。纵观经济增长理论的发展历程可知，经济增长理论一直试图探索经济增长的源泉以及维持经济稳定持续增长的"灵丹妙药"。经济增长理论经历了古典经济增长理论、新古典经济增长理论、新经济增长理论和现代经济增长理论的发展历程。

（一）古典经济增长理论

在古典经济学时期，经济增长源泉探析是经济学家重点研究的领域。古典经济学家从分工、资本、资源、人口及制度等多维角度解析经济增长的源泉。

Smith（1976）把经济增长的源泉归结于劳动，即劳动数量的增加以及劳动效率的提高。劳动效率的提高是其强调的重点，而劳动效率的提高需要扩大社会分工和增加资本积累。分工通过如下三个途径增加单位劳动的产出并最终促进经济增长：第一，增加劳动者的熟练程度；第二，降低工作转换所引起的损失；第三，促进机器等先进劳动工具的发明。资本积累则通过以下三个途径促进经济增长：第一，扩大资本存量；第二，增加劳动数量；第三，提升专业化和分工。基于以上理论，Smith主张以自由竞争促进经济增长。

Ricardo（1817）在分析经济增长源泉的过程中，更加强调了以下两个方面的重要性：劳动数量的增加以及资本数量的积累。通过考察各生产要素报酬之间的动态关系以及影响因素，得出经济增长将陷入停滞状态的结论。在《政治经济学及赋税原理》中，Ricardo基于古典经济学的框架，系统分析了经济增长的源泉与长期趋势。他认为，经济增长初期通过扩大劳动投入（如人口增长）和资本积累（利润再投资）能够推动生产扩张，但这一过程将受制于土地边际收益递减规律的刚性约束。随着资本和劳动持续投入农业生产，社会不得不开垦更贫瘠的土地，导致单位产出的劳动与资本成本上升，农产品价格随之上涨。此时，地主通过收取更高的地租攫取超额收益，而资本家的利润率则因工资上涨和地租挤压逐渐下降，最终抑制进一步投资，经济增长陷入停滞。这一分析揭示了生产要素报酬分配的动态矛盾：地租、工资与利润的此消彼长。地租的膨胀挤压了资本积累的空间，而工资的刚性使资本家难以通过压低劳动力成本维持利润。尽管国际贸易和比较优势可能延缓停滞，但他仍悲观地认为，土地稀缺性终将主导长期增长极限。这一理论为理解工业化初期的增长瓶颈提供了重要视角，但其局限性在于低估了技术进步对边际收益递减的突破能力，也未预见制度变革对要素分配的重构作用。Ricardo 的"停滞论"虽被历史证伪，但其对要素分配与增长动态关联的分析，仍深刻影响了马克思的危机理论与新古典经济学的均衡思想。

Malthus（1798）对经济增长的本质作了精辟分析。他把经济增长的源泉归结于人口、资本积累以及劳动生产力，而且认为人文竞争是促进技术进步的原因（吴易风，2007）。Malthus 在《人口原理》一书中提出著名的"马尔萨斯陷阱"理论，解释了人口增长是指数级的，而资源尤其是粮食的增长是线性的。经济增长理论认为，人口增长将会超过土地产出的增长。当人口数量增加到一定程度时，经济产出将不能支持人的生存，此时出生率下降，死亡率上升。这种增速的差异性导致人口的扩张最终超过资源约束的承载极限，使得人口增长会迅速消耗掉新增社会资源，导致社会陷入低水平均衡陷阱。因此，为了防止经济增长的成果被人口的迅速扩张所吞噬，他主张通过限制人口增长等政策来平衡人口与资源的关系。该理论的贡献为首次系统揭示了在经济发展过程中人口与资源之间的矛盾，但却低估了技术进步对经济的作用，也忽略了制度改革对经济增长的贡献。尽管 Malthus 的悲观预言被历史证伪，但其理论对当前经济增长仍有警示意义：气候变化、能源枯竭等"新马尔萨斯问题"表明，无节制的人口与消费增长仍可能触发系统性生态崩溃。新马尔萨斯主义者延续了这一逻辑，强调可持续发展必须平衡人口、资源与技术的关系。

综上所述，古典经济学家在分析经济增长源泉时，普遍强调了劳动、资本、土地等传统生产要素的作用，也注意到了劳动分工的作用，但是这些研究成果中论述技术进步的相关研究并不多，说明古典经济学家并没有关注到技术进步这一生产要素对经济增长的重要作用。

（二）新古典经济增长理论

20 世纪 30 年代出现了全球性的经济危机，诱发了经济学理论的革命性创新——"凯恩斯革命"。凯恩斯认为，经济危机的根源在于有效需求不足，而不是供给端问题，主张政府干预经济，并首次将经济学分析从微观均衡转向宏观总量研究。储蓄等于投资是凯恩斯宏观经济理论的核心静态均衡条件，为理解经济波动提供了思路，但静态均衡未能解释经济如何实现从非均衡状态向均衡状态调整。Harrod（1939）和Domar（1946）以凯恩斯的储蓄等于投资（I=S）的静态均衡为基础进行动态分析，旨在将凯恩斯的短期宏观经济分析扩展至长期经济增长研究，分别提出了哈罗德模型和多马模型。由于这两个模型基本相同，所以共称为哈罗德—多马模型。该经济模型表明经济增长率由储蓄率和资本产出比共同决定，当经济的实际增长率等于有保证的增长率和自然增长率时经济才能实现稳定增长，其也被称为"刀刃上的均衡"。根据哈罗德—多马模型的结果，经济增长通过资本积累来实现，它强调了资本积累在经济增长中的作用。哈罗德—多马模型首次明确了储蓄率和资本效率是经济持续增长的决定因素，但该模型的结论表明只有当实际增长率等于合意增长率并等于自然增长率时，经济才能实现稳定增长。哈罗德—多马模型提出的经济长期均衡条件是难以达到的增长"刃峰"，因此实现充分就业的稳定增长一般很难实现。哈罗德—多马模型虽因刚性假设和稳定性问题被后续理论超越，但其首次将增长机制模型化，揭示了资本积累在经济增长中的核心地位，为理解经济增长提供了分析框架。在政策实践中，哈罗德—多马模型明确了储蓄率与资本效率对经济增长的直接作用，为发展经济学奠定了基础。该模型提出的"刀刃均衡"，解释了市场经济内在波动的原因。但该模型对资本产出比以及技术进步的忽略，使得大多数国家无法仅仅通过储蓄率的增加而实现经济的持续增长。该模型表明，单纯依赖资本投入不可实现经济的持续增长，必须同步提升技术效率水平与制度供给能力。

随着经济发展，技术进步的作用日益凸显，而传统经济增长模型无法衡量技术经济对经济增长的贡献。为了修正哈罗德—多马模型中存在的"刀刃均衡"困境，更好地解释"二战"后西方国家经济持续增长的现象，Solow（1956）和Swan（1956）等通过综合使用凯恩斯的总量分析和边际分析方法，提出了新古典增长模型。该模型在保留哈罗德—多马模型关于齐次生产函数、比例储蓄率及既定的劳动增长率等基本假设基础上，使用了新古典生产函数。新古典经济增长模型假设资本与劳动可替代，使得经济增长过程具有调整能力，进而使得该经济增长模型更加贴近现实，从而对现实经济有更好的解释能力。根据新古典增长模型可以得出如下结论：技术进步是长期经济增长的唯一源泉；储蓄率的提高在短期将加速资本积累，提高资本增长率和稳态资本水平，但储蓄率的提高在长期只能提高人均产出，而不能改变稳态增长率；一个国家或地区若具有相似的经济结构参数，则经济发展速度慢的国家将向经济发展快的国家趋同。与哈罗德—多马模型相比，新古典模型纳入了技术进步这一重要的生产要素，但是储蓄率和技术进步在该模型中均是外生因素，忽略了物质资本积累的正外部性，也未考虑环境因素，没有办法解释长期存在的各国长期经济增长的差异性。索洛—斯旺模型通过外生技术进步和资本边际报酬递减假设，研究了经济长期增长的动力与极限。尽管内生增长理论补充了技术内生化机制，但索洛模型的核心结论即创新是增长的终极动力至今仍是政策制定的圭臬。对于发展中国家而言，该模型表明：经济的长期增长来源于技术进步，政府应鼓励技术研发与运用，为经济增长提供持久动力；通过教育提高劳动生产效率，实现经济增长的稳态上移；降低人口增长率或提高储蓄率能增加一个国家或地区的稳态人均收入水平。

（三）新经济增长理论

如前所述，新古典增长模型虽然把技术进步这一重要的生产要素纳入到生产模型中，但是技术进步却被视为外生变量。技术进步外生给定的假设对于解释长期经济增长甚为苍白和乏力。在这种情况下，为了更好地解释长期经济增长，克服新古典经济增长理论中索洛模型将技术进步视为外生给定，从而无法解释技术来源与各地区经济增长差异的局限性，新经济增长理论兴起。新经济增长理论产生于 20 世纪 80 年代，是对新古典增长理论中索洛模型的修正与发展，其理论重点在于将技术进步内生化，从而解释经济增长的源泉。Romer（1986）和 Lucas（1988）把技术进步这一重要的生产要素作为模型内生的变量来看待，并以此来说明长期经济增长的原因，这一理论被称为新经济增长理论或者新经济增长模型。新经济增长理论的核心思想为：技术进步具有内生性，即可以通过知识的积累、研发活动的投入以及人力资本的提高等经济活动来提高技术进步水平，从而促进经济增长。由于知识具有非竞争性和正外部性，因此该模型突破了资本边际报酬递减假设，从而实现经济的持续增长。市场在知识积累和科技创新等领域失灵，因此需要政府采取政策从而促进技术进步和教育水平的提高，进而实现经济的持续增长。根据新经济增长理论，经济增长的动力源于经济体内部。这是一个可喜的进步，但遗憾的是，新经济增长理论并没有统一的模式。新经济增长理论基于不同的研究角度，使用不同的技术进步形式来说明和阐述经济增长的根源。这显然是新经济增长理论或新经济增长模型的一个需要完善的地方。此外，该模型没有考虑资源供给约束，无法提出一个在实践上具有可操作性的政策建议。该模型也没有考虑到制度的作用以及全要素生产率的作用。新经济增长理论打破了"技术外生"的桎梏，将创新、知识与人力资本置于增长的核心，重塑了人们对可持续增长的理解。其政策启示直指现代经济的本质——创新是唯一的经济增长源泉。尽管面临量化难题与制度复杂性，该理论仍为各国指明方向：在人口红利期消失和资本报酬不断递减的情况下，只有不断进行创新活动，提高技术进步水平，方能在全球竞争中立于不败之地。

（四）现代经济增长理论

经济增长过程伴随着自然资源的减少以及环境资源的破坏。因此，从20世纪中期开始，经济学家试图把资源和环境纳入到经济增长理论研究中，这些理论被统一称作现代经济增长理论。例如，Keeler 等（1972）和Stokey（1998）的研究开始关注资源和环境对经济增长影响，并把环境因素作为一种要素投入纳入模型中。而随着内生增长模型、知识外溢模型、人力资本外溢模型、干中学模型的出现，Bovenberg 和 Smulders（1995，1996）、Lighart 和 van der Ploeg（1994）将能源环境政策纳入内生经济增长模型以考察环境政策对经济增长的影响。

现代经济增长理论融合了新古典经济学、内生增长理论以及制度经济学和环境经济学分析框架和视角，旨在解释 21 世纪经济全球化、数字化与气候变化下的经济增长动力与挑战。现代经济增长理论的发展路径包括以下几个方面：从外生技术到包括知识网络和数字平台等内生创新生态系统的技术内生化路径；产权、法治、腐败等非经济因素被纳入增长模型的制度内生化路径；将环境约束纳入经济增长目标函数的可持续发展路径；综合运用心理学、行为经济学揭示非理性决策对增长的行为与认知演化路径。在以上发展路径下，现代经济增长理论的核心理论为扩展的内生增长模型、绿色增长模型、包容性制度理论与行为增长理论等相关理论与模型。现代经济增长理论已超越传统的"资本—技术"的二元分析框架，转向多维、动态和跨学科的复杂系统研究。其核心命题是：在技术革命、制度博弈与生态约束的三角张力中，寻找可持续性和包容性的经济增长路径。政策制定者需兼具战略眼光与适应性——既使用人工智能与绿色技术的颠覆性生产潜力，又通过制度改革缓解不平等与全球风险等经济问题。未来的增长理论，随着经济发展中的新要求和新问题将进一步补充和扩展现有理论。

二、全要素生产率理论

（一）全要素生产率的内涵界定

根据现代经济增长理论框架，经济增长的动力源泉可分解为两大核心维度：一是生产要素投入规模的扩大；二是生产效率的系统性提升。然而受限于边际报酬递减规律的内在约束，单纯依赖要素投入的持续增加既难以维系长期经济增长，又面临资源禀赋阈值和经济可行性的刚性制约。与只依靠生产要素投入相比，通过技术进步、制度创新、人力资本积累及规模经济等途径实现的生产效率改进，被学术界普遍视为促进经济长期增长的动力来源。因此，对生产效率的研究成为经济增长理论的核心命题。

"效率"一词最初源自物理学领域，用于量化能量转化过程中有效功率的占比。此后，管理学将效率概念引入该领域作为评估生产资源有效使用程度的衡量指标。经济学鼻祖 Adam Smith 的《国富论》通过案例分析，开创性地揭示了分工协作对提高生产效率的影响，由此确立了生产效率研究在经济管理学科中的基础性地位。这一理论历经两个多世纪的发展，已形成完整的分析范式与研究框架。

关于生产效率的相关研究，根据对象的不同，可以大体分为两个阶段：单要素生产率研究和全要素生产率研究。第一阶段为单一生产要素的生产率研究，即对土地生产率、资本生产率或劳动生产率等某单一生产要素生产率的研究。对单一生产要素生产率的研究，能够直观地反映出该要素在生产过程中的利用效率及在生产过程中的贡献。由于在实际生产过程中，尤其是在粮食生产等农业生产过程中，生产要素之间具有协同性，即只能同时使用相关要素才能实现最终产出；此外，不同的生产过程中生产要素之间的替代弹性具有差异性，存在生产要素无法相互替代等实际问题。因此，当生产具有多要素协同特征，要素间存在互补性与替代弹性差异，尤其是土地、劳动、资本和技术等生产要素交互作用下，单要素生产率难以准确刻画真实的生产函数。为克服单要素生产率的局限性，Davis（1955）在《生产率核算》中提出全要素生产率，用以衡量生产过程中生产要素的综合生产率，由此生产效率进入第二阶段的相关研究。20 世纪50 年代，Solow 在新古典经济学的研究框架下将技术进步纳入到生产函数，分析了技术进步与投入产出之间的变化关系。在规模报酬不变、要素自由替代等假设下，构建包含劳动（L）和资本（K）两种要素的柯布—道格拉斯生产函数。在该生产函数中技术进步使用全要素生产率来衡量，可通过索洛余值进行求解。通过生产函数，可计算总产出的增长率、资本投入要素的增长率、劳动投入要素的增长率和全要素生产率。从总产出增长率中减去资本要素投入增长率和劳动要素投入增长率，剩下的部分即全要素生产率。根据索洛余值所计算的全要素生产率代表了技术进步、组织创新、资源配置优化等非生产要素投入所带来的总产出的增加。全要素生产率将非显性要素显性化的理论突破，为解析经济增长源泉提供了有力工具。基于索洛模型，可以初步核算技术进步对经济增长的贡献，并进行宏观经济增长的长期趋势分析。索洛模型对短期经济波动及经济微观层面的解释力相对较弱。当所研究的经济体存在剧烈的制度变迁或严重的市场扭曲时，索洛余值将包含大量非技术性因素，从而导致核算结果失真。为克服索洛模型的局限性，内生经济增长理论将索洛模型里的外生技术进步等内生化，构建与现实经济情况更加契合的罗默模型和卢卡斯模型。此外，通过数据包络分析方法与随机前沿生产方法相结合，以及引入环境约束或能源消耗等控制变量，分离出索洛余值中的技术因素与非技术因素，从而提高模型对现实经济的解释力。另外，也可以进一步使用企业或行业层面的面板数据，分析创新活动或技术扩散等技术进步的具体路径，提高为促进经济增长所制定政策的指导意义。

索洛余值法是经济增长理论的重要里程碑，其简洁性和启发性使其成为研究技术进步与经济增长关系的经典工具。然而，其严格的假设条件和"黑箱"特征也限制了它在复杂现实经济中的解释力。现代研究通常将其作为基础框架，结合其他方法进行补充，以更全面地揭示经济增长的驱动力。在由单要素生产率向全要素生产率发展的基础上，经济学界对全要素生产率开展了多维度结构分析。此后的经济增长理论在继承索洛模型规模报酬不变假定的基础上，针对生产要素的增加展开创新研究。Jorgenson（1987）在索洛模型的基础上，基于技术进步和折旧等影响产出的因素随着时间的推移而有所不同，将要素投入增长分解为数量增加与质量提高两个维度。在对美国经济增长的实证研究中，他发现1950~1985年资本质量提高对全要素生产率提升的贡献率高达23%，这一发现颠覆了传统的生产要素具有同质性的假设。由上可知，其理论的核心逻辑为：资本与劳动等生产要素会随着技术进步与自然折旧产生效能迭代。在对生产要素进行细分的基础上，Farrell（1957）开创性地将全要素生产率增长分解为技术效率进步与技术进步。其中，技术效率进步指在既定产出目标下，实际投入量向生产前沿面的趋近，即从投入节约视角来考虑生产效率，而技术进步指生产前沿面的整体外移即投入产出比优化。该研究框架虽拓展了效率研究的分析维度，但其以产出固定为前提的假设在现实应用中具有一定的局限性。例如，粮食安全领域更关注投入约束下的产出最大化，而非既定产出的投入最小化。为解决全要素生产率在现实经济中的局限性，Leibenstein（1966）对全要素生产率的发展进行了相关扩展。在重构的技术效率定义中，技术效率指同一生产要素投入条件下，生产过程中实际的产出水平与要素实现最优配置状态下的理想产出水平比。当生产要素的实际产出水平与最优产出水平之间的差距越来越小时，则生产过程中出现了技术效率进步，而要素最优配置情况下的最优产出水平的提高就是技术进步。随着新古典经济学的进一步发展，规模变化的产出效应开始得到经济学家的关注。以适当的生产规模进行生产时，由于规模变动的产出效应，导致相同产出需要更少投入。因此，经济学家将技术效率进行进一步的分解，即技术效率为纯技术效率与规模效率二者之和。其中，规模效率源于由于生产规模变动所带来的投入与产出之间的变动，而纯技术效率则为减去规模变动的产出效应之后，实际产出与理想产出之间距离的变化情况。

关于生产率的定义，不同的学者、不同的词典可能有不同的表述，但生产率的基本概念是产出与投入之比。如果只考虑一种投入的生产要素，那么由此计算出来的生产率便是单要素生产率（Single Factor Productivity，SFP）；相比之下，如果考虑所有投入的全部生产要素，由此计算出来的生产率便是全要素生产率（Total Factor Productivity，TFP）。全要素生产率的计算表达式如下：

$$TFP = \frac{Y}{X} \tag{2-1}$$

其中，Y 和 X 分别代表总产出和投入要素指数，后者即加权综合要素投入。

全要素生产率增长率可以用公式表示如下：

$$\dot{TFP} = \frac{d\ln Y}{dt} - \frac{d\ln X}{dt} = \dot{Y} - \dot{X} \tag{2-2}$$

其中，$\dot{Y}$ 表示产出增长率，$\dot{X}$ 表示全部投入要素增长率的加权平均（张各兴，2011）。

（二）全要素生产率理论的发展

全要素生产率理论的发展过程大致可以分为如下几个发展阶段。

1. 古典经济学增长理论观

以 Adam Smith 的《国富论》中的分工理论为基础，David Ricardo 的比较优势理论与 Thomas Robert Malthus 的土地报酬递减规律共同组成了古典经济学的增长分析框架。古典经济学时期没有明确提出全要素生产率这个概念，但古典经济增长理论实际上已经涉及了能够影响生产效率改进的诸多因素，即其理论已隐含效率改进的核心机制。Smith 揭示了劳动通过分工导致专业化，进而导致生产率的提升。Ricardo 提出机器替代劳动的命题，暗示资本深化可能引发技术性失业，但未建立资本—产出效率的量化模型。Malthus 指出土地边际产出递减将限制经济增长，其中暗含自然资源对全要素效率的刚性限制。由以上理论可知，古典经济学注重研究劳动与资本的单要素生产效率，而没有关注技术和制度等无形生产要素的协同作用，且缺乏系统性的生产函数研究工具。

2. 新古典经济学理论观

20 世纪初，帕累托效率概念的提出构建了衡量资源配置是否有效率的福利经济学标准。《经济分析基础》则将帕累托效率数学化，建立一般均衡框架下的效率测度体系。Mankiw（2005）进一步将帕累托效率拓展至开放经济条件下，为新古典经济学的全要素生产率理论奠定了方法论基础。

3. 经济增长理论观

Davis（1955）、Fabricant（1954）以及 Solow（1956）在前期关于全要素生产理论的研究基础上将该理论进一步进行相关扩展。Solow 基于柯布—道格拉斯生产函数的增长分析框架，通过索洛余值来衡量技术进步对经济增长的贡献。Jorgenson 和 Grilliches（1967）则认为，索洛余值的本质是测量误差和模型设定偏差的混合体，将会随着相关影响变量的仔细鉴别和精确测度而消失。他提出"要素质量调整方法"，将劳动投入分解为工时数和人力资本的乘积，证明美国 1945~1965 年的全要素生产率被高估。由于经济活动中有一些影响因素没有办法进行识别，因此用索洛余值度量全要素生产率有一定的现实意义。但该理论的外生技术假设使得技术进步这一重要的生产要素在其中被当成是外生的变量，限制了该理论对实践的解释能力。此外，该理论也没有考虑制度和组织等"软要素"对效率的影响。

4. 现代经济理论观

Farrell（1957）构建二元效率分析框架，把生产效率分为技术效率（一定投入水平下的最大产出）以及配置效率（一定价格和生产技术条件下的最佳投入比），这标志着全要素生产率研究从宏观核算向微观分解的研究范式转型。技术效率衡量在既定投入组合下实际产出与生产前沿面的偏离程度，反映生产过程中的技术应用效能。配置效率评估要素投入比例对市场价格信号的响应效率，揭示资源配置的市场敏感性。全要素生产率测度范式的革命性突破不仅为效率研究提供了可操作的微观分析工具，更推动全要素生产率研究从新古典主义的"黑箱"假设走向现实世界的异质性观测。随后，随机前沿生产函数的提出（Aigner et al.，1977；Meeusen & van den Broeck，1977）使得估计技术效率在现实中成为可能。该方法成功地解决了传统确定性前沿生产函数模型无法分解技术无效与随机冲击的局限，提高了模型的现实解释力。而 Charnes 等（1978）、Banker 等（1984）、Whitesell（1994）以及 Mo（1998）等创立的数据包络分析突破了对生产函数设定的限制，极大地拓展了前人研究的内涵。

（三）全要素生产率的测算方法

1. 代数指数法

根据前文研究内容可知，代数指数法是指用全部投入要素加权指数去除总产出的数量指数，按照该计算步骤得到的结果即是全要素生产率（Abramvitz，1956）。代数指数法的计算有一些前提条件假设，如边际生产率不变、资本和劳动完全可替代等。代数指数法的具体计算如下：

$$P_t Y_t = R_t K_t + W_t L_t \qquad (2-3)$$

其中，P_t 表示产品价格，Y_t 表示产品产量，R_t 表示资本价格，K_t 表示资本投入量，W_t 表示劳动价格，L_t 表示劳动投入量。

当引入技术进步因素 TFP_t 后，式（2-3）可表达如下：

$$P_0 Y_t = TFP_t [R_0 K_t + W_0 L_t] \qquad (2-4)$$

其中，P_0、R_0、W_0 分别为基期的产品价格、资本价格和劳动价格，TFP_t 为全要素生产率。由式（2-4）可得全要素生产率如下：

$$TFP_t = \frac{P_0 Y_t}{R_0 K_t + W_0 L_t} \qquad (2-5)$$

由式（2-5）可知，代数指数法可以直观地表达出全要素生产率的内涵。但代数指数法的缺陷也十分明显，主要表现在该计算方法虽然没有明确生产函数的具体类型，但却暗含着资本和劳动之间完全可替代，且边际生产率是恒定的。生产函数的以上假设缺乏现实合理性，因此，代数指数法只是概念化方法，并不适于具体的实证分析。此外，这种方法不能进行全要素生产率指数的分解，故在实际研究中运用不多（吴军，2009）。

2. 索洛余值法

根据索洛余值法测算全要素生产率的计算过程如下：

$$Y_t = A K_t^{\alpha} L_t^{\beta} \qquad (2-6)$$

其中，Y_t 代表产出，A 代表技术水平，K_t 代表资本，L_t 代表劳动，α 代表资本的产出弹性系数，β 则代表着劳动的产出弹性系数。式（2-6）可进一步转换为如下表达形式：

$$\ln Y_t = \ln A + \alpha \ln K_t + \beta \ln L_t + \mu_t \tag{2-7}$$

其中，μ_t 表示随机误差项。当 $\alpha + \beta = 1$ 时，即规模报酬不变：

$$\ln\left(\frac{Y_t}{L_t}\right) = \ln A + \alpha \ln\left(\frac{K_t}{L_t}\right) + \mu_t \tag{2-8}$$

根据以上计算公式，可得到如下运算结果：

$$\frac{dA}{A} = \frac{dY_t}{Y_t} - \frac{\alpha dK_t}{K_t} - \frac{\beta dL_t}{L_t} \tag{2-9}$$

这种方法便于计算，但是其假设条件也不现实，计算结果难免误差较大。索洛余值法基于新古典增长模型，通过劳动和资本以及产出相关数据计算得出经济增长中技术进步的贡献。该方法因简洁的函数形式和较低的数据需求，在经济增长的实证研究中得到广泛应用。索洛余值法第一次将技术进步从生产要素投入资本和劳动中分离开来，强调技术是长期经济增长的动力源泉，打破了传统经济学理论只关注资本和劳动等要素对经济增长贡献的理论限制。索洛余值法也推动了内生经济增长理论的进一步发展和进步。后续相关研究通过考虑人力资本、制度等因素来改进余值的分解，进一步升华了经济增长中技术进步和经济效率的相关研究。但索洛模型假设市场完全竞争、规模报酬不变和外生技术给定等假设条件过于苛刻，难以在现实中得到满足，因此采用索洛余值法对全要素生产率进行核算有可能导致索洛余值出现估算偏差。余值包含所有未被资本和劳动解释的因素，如技术进步、制度变迁、管理效率、资源错配、统计误差等，但无法进一步区分以上因素具体来源，导致其解释力受限。索洛模型表明经济增长来源于技术进步，但该模型将技术进步视为外生变量，因此也无法解释技术进步的来源。技术进步外生给定的假设极大地减弱了索洛模型对经济政策的现实指导意义。索洛余值的计算虽然对数据要求较少，但却对数据质量比较敏感。索洛余值是否能被准确核算在很大程度上要取决于资本和劳动投入的测算质量。如果资本存量存在估算误差或者劳动力的投入时间存在统计偏差，将直接影响索洛余值的精确度。此外，索洛模型假设整个经济是同质的，没有考虑整个经济体不同行业、不同部门和不同企业的异质性，因此没有研究产业结构升级以及资源重新配置对经济增长的影响。

3. 超越对数法

Christensen 和 Jorgenson（1970）最早提出超越对数方法。超越对数函数采用对数形式的二次多项式，考察生产要素之间的交互效应和非线性关系。该方法通过变量的二次项以及交叉项，突破了柯布—道格拉斯生产函数中要素替代弹性固定和规模报酬不变的假设，更能真实地反映现实经济情况。替代弹性和规模报酬可随要素间的比例或产出水平而变化的特征，使得该方法更加适用于经济的动态分析。通过对约束条件的检验，该模型可在一定条件下退化为简单的柯布—道格拉斯型生产函数，以便具体函数的比较分析。基于超越对数法的灵活性，以及对现实经济的解释力，超越对数法被广泛应用于生产函数和成本函数的分析。但该方法在进行较多参数估计时，需要足够大的样本才能避免多重共线性问题。为了避免多重共线性需要对因二次项和交叉项所形成的数据进行中心化处理，以验证研究结果是否符合经济现实。超越对数法的基本形式如下：

$$\ln Y = \alpha_0 + \alpha_K \ln K + \alpha_L \ln L + \frac{1}{2} \left[\beta_{KK} (\ln K)^2 + \beta_{LL} (\ln L)^2 \right] + \beta_{KL} (\ln K \ln L) \quad (2-10)$$

其中，α_0、α_K、α_L、β_{KK}、β_{LL} 和 β_{KL} 为待定参数。超越对数生产函数可以被看作任何生产函数的二次泰勒近似。在具体的运用过程中，超越对数生产函数常常包含时间因素 t，则式（2-10）可进一步表示如下：

$$\ln Y = \alpha_0 + \alpha_K \ln K + \alpha_L \ln L + \alpha_t t + \frac{1}{2} \left[\beta_{KK} (\ln K)^2 + \beta_{LL} (\ln L)^2 + \beta_{tt} t^2 \right] +$$
$$\beta_{KL} (\ln K \ln L) + \beta_{Kt} (t \ln K) + \beta_{Lt} (t \ln L) \quad (2-11)$$

由式（2-11）可得全要素生产率的增长率如下：

$$\partial \ln \frac{Y}{\partial t} = \alpha_t + \beta_{tt} t + \beta_{Kt} (\ln K) + \beta_{Lt} (\ln L) \quad (2-12)$$

二次项的引入能够使全要素生产率的增长率估算更为准确，但是这种方法并不能应用于相邻两年以及短周期生产率的测算。超越对数法通过二次项和交互项的引入，增强了全要素生产率测算的理论完备性。但超越对数法的应用需要长期、平稳和大样本数据才能充分发挥其核算优势。短期数据因样本容量过小而难以满足自由度，导致该方法的估计结果不稳定。此外，当短期数据受到政策调整或自然灾害等随机因素干扰时，超越对数法得出的结论容易失真。因此，在实证研究中，应基于研究目标权衡模型复杂性与数据适配性，避免"一刀切"的误用。

4. 随机前沿分析法

根据全要素生产率相关理论可知，通过具体生产函数所计算出来的全要素生产率在满足假设条件时是理想状态下的最优结果。但是，由于种种原因，现实中的生产过程通常并不是最优解。因此，经济学家尝试利用随机前沿生产函数对全要素生产率进行核算。随机前沿分析法是一种充分结合经济学理论和计量经济学思想的效率评估方法，主要用于测算生产的前沿边界或成本的前沿边界，在此基础上进一步分解出技术效率或成本效率。与传统的生产函数不同，随机前沿分析方法明确区分了生产过程中的随机扰动项和技术无效率项。该方法适用于分析企业、行业和国家等经济个体的实际产出与理论最大产出或最小成本之间的差距。与数据包络分析等非参数分析方法不同，随机前沿分析法通过区分随机误差项和技术无效率项，可以避免将外部冲击误判为效率问题，从而使得估算结果更具稳健性。其中随机扰动项是指天气、政策调整或者数据测量误差等外部不可控的随机因素对产出所造成的影响。技术无效率项是指因经济个体的管理不善或技术落后等原因所导致的实际产出与前沿界面差距。随机前沿分析适用于柯布—道格拉斯以及超越对数等多种函数形式，并且在进行面板数据分析时可以通过引入时间变量来考察技术效率、技术进步以及规模效应的动态变化。随着研究的进一步深入，通过把环境因素纳入分析框架，可以考虑在污染排放约束下的绿色全要素生产率，并进行绿色全要素生产率的分解，以考察环境约束下的经济增长动力。

Aigner 和 Chu（1968）提出确定性生产前沿函数，其基本表达式如下：

$$Y_{it} = f(X_{it}, t, \beta) \exp(-\mu_{it}) \tag{2-13}$$

其中，Y_{it} 表示厂商 i 在时期 t 的产出，X_{it} 表示各种生产要素的投入向量，t 表示时间趋势变量，β 表示被估计的参数向量，μ_{it} 是技术效率损失项，代表技术的有效性，$\exp(-\mu_{it})$ 表示技术非效率。因为 Y_{it} 是以确定性（非随机）变量 $f(X_{it})$ 作为上限，所以式（2-13）表示的是确定性生产前沿面，但是，在具体实施过程中，研究主体的实际观测数据通常总会或多或少地受到来自随机扰动的干扰。因此，Aigner 等（1977）、Meeusen 和 van den Broeck（1977）分别把随机干扰因素纳入随机前沿方法，将生产无效率分解为随机误差项和技术无效率项，为随机前沿分析方法奠定了理论基础。此后，Jondrow 等（1982）提出 Jondrow 分解法，从复合误中提取出技术无效率项，使得个体效率的估计成为可能。Battese 和 Coelli（1988）、Comwell 等（1990）、Kumbhakar（1990，1996）、Battese 和 Coelli（1992）、Fare 和 Primont（1994）提出效率随时间变化的随机前沿模型，从而使得随机前沿分析被广泛应用于动态效率研究中。Kumbhakar 等（2000）通过放松随机前沿的传统分布假设，提出发展异质性随机前沿模型，并通过引入政策和制度等变量，考察环境变量对全要素生产率的影响。2010 年后，通过和动态面板数据相结合，随机前沿法开始研究生产效率的跨期关联及路径依赖，使得随机前沿分析方法不断完善。随机前沿生产函数的表达式如下：

$$Y_{it}=f(X_{it},\ t,\ \beta)\exp(v_{it}-\mu_{it}) \tag{2-14}$$

式（2-14）中引入了表示统计噪声的随机误差项 v_{it}，式中的其他项和式（2-13）的含义一样，一般情况下都假定 $v_{it}\sim iid.\ N(0,\ \sigma_v^2)$。由于实际观测的产出水平以随机变量 $Y_{it}=f(X_{it})\exp(v_{it})$ 为上限，所以式（2-14）被称为随机生产前沿。由于 v_{it} 可为正，也可为负，则随机前沿产出随着确定性部分 $f(X_{it})$ 上下波动。对式（2-14）两边取对数后，再对时间 t 求导，则得到：

$$\frac{\partial \ln Y_{it}}{\partial t}=\left(\sum_j \frac{\partial \ln f(X_{it},\ t,\ \beta)}{\partial X_{itj}}\times\frac{\partial X_{itj}}{\partial t}+\frac{\partial v_{it}}{\partial t}\right)+\frac{\partial \ln f(X_{it},\ t,\ \beta)}{\partial t}-\frac{\partial \mu_{it}}{\partial t} \tag{2-15}$$

其中，∂X_{itj} 表示投入要素 j 的增长量。根据全要素生产率的概念，式中的最后两项之和便是全要素生产率，它也可以写作如下表达形式：

$$TFP = \frac{\partial \ln f(X_{it}, \ t, \ \beta)}{\partial t} - \frac{\partial \mu_{it}}{\partial t} \qquad (2-16)$$

随机前沿分析法作为一种数学计量方法，通过不断吸收计量经济学和运筹学的新方法，已经成为效率评估的核心工具之一。随机前沿分析法的发展历程遵循从静态分析到动态研究、从参数估计到半参数估算、从传统生产到绿色可持续发展的演变逻辑，通常被运用于多种生产要素生产一种产品的生产函数，并且具有极其重要的理论意义和现实的重要性。

5. 数据包络分析法

数据包络分析法（Date Envelopment Analysis，DEA）以"帕累托最优"为理论根基，将效率定义为给定产出水平下的最小投入，或给定投入下的最大产出，是利用线性规划模型，根据多项投入指标和多项产出指标，对同质化的决策单元进行效率测度与优化分析的一种数量分析方法。数据包络分析法以相对效率概念为核心，以凸分析和线性规划为分析工具，将评价决策单元的指标分为输入类和输出类，通过计算各单元的输入与输出比，是评价其决策单元相对有效性的多目标分析评价方法。数据包络分析的基本思路是在保持决策单元输入或输出不变的情况下，通过输入和输出数据和数据规划模型确定相对有效的生产前沿面，即帕累托有效率配置的生产前沿面，将决策单元投影到帕累托有效率配置的生产前沿面上，对比分析各决策单元和生产前沿面的距离来判定相对效率，同时通过投影值来确定非有效决策单元的改进程度。数据包络分析利用生产前沿面的理论与方法，通过建立非参数的最优化数据包络分析模型，研究相同类型决策单元的效率差异，为管理决策提供科学依据。

数据包络分析法涉及数学、经济学和管理学以及运筹学的交叉领域（邓宗兵，2010），因具有更强的适用性而被广泛应用。Charnes 等（1978）在 Farrell（1957）效率概念的基础上，基于规模报酬不变的假设，提出数据包络分析的 CCR 模型，奠定了数据包络分析的基础。Banker 等（1984）通过创立 BCC（Banker-Chames-Cooper）模型以克服 CCR（Chames-Cooper-Rhodes）规模报酬不变的假定。Chambers 等（1996）和 Chung 等（1997）创立了包含环境污染产出的方向性距离函数。不过，该种计算方法的估算结果通常误差较大。随着数据包络分析方法的深化，为了解决传统模型的松弛问题，Tone（2004）提出非径向的松弛变量模型。在 Tone 研究结果的基础上，Fukuyama 和 Weber（2009）、Färe 和 Grosskopf（2010）创立了基于松弛向量的非径向、非角度的 SBM 方向性距离函数（王兵和朱宁，2011）。数据包络分析法作为效率分析的重要工具，在效率研究理论与效率测算实践中均有重要影响。为了保证数据包络分析法在进行数据处理与模型选择方面的科学性，在使用中需要综合运用统计方法和动态分析，以提高模型的适用性。基于数据包络分析经历的三个不同发展时期，其对全要素生产率的估算方法包括如下三种：

（1）Shephard 距离函数以及 Malmquist 生产率指数。Shephard 距离函数是经济学中进行效率分析的重要工具，用以衡量企业、部门或国家等生产单元与生产前沿面的距离，即对技术效率进行量化。Shephard 距离函数的核心思想为：在给定投入或给定产出的情况下，生产投入或产出需要调整多大程度才能达到技术有效率状态。Shephard 距离函数的表达式如下：

$$D_0^t(x_i^t,\ y_i^t,\ b_i^t)=\inf\left\{\delta\colon\ \left(\frac{y_i^t}{\delta},\ \frac{b_i^t}{\delta}\right)\in P^t(x_i^t)\right\}=\sup\left\{\delta\colon\ (\delta y_i^t)\in P^t(x_i^t)\right\}^{-1}$$

$$(2-17)$$

式（2-17）中的距离函数可以通过下列线性规划求解得到：

$$(D_0^t(x_i^t,\ y_i^t,\ b_i^t))^{-1}=\mathrm{Max}_{Z,\delta}\delta$$

$$\mathrm{s.\,t.}\begin{cases}-\delta y_i+YZ\geqslant0\\-\delta b_i+BZ\geqslant0\\-x_i+XZ\geqslant0\\Z\geqslant0\end{cases}$$

$$(2-18)$$

当 $\delta_i=1$ 时，DMU 位于生产前沿面上；当 $\delta_i>1$ 时，DMU 位于生产前沿面内。在距离函数定义的基础上，曼奎斯特生产率指数可表示如下：

$$M_{i,t+1}(x_i^t,\ x_i^{t+1},\ y_i^t,\ y_i^{t+1},\ b_i^t,\ b_i^{t+1})$$

$$= \left[\frac{D_i^t(x_i^{t+1}, y_i^{t+1}, b_i^{t+1})}{D_i^t(x_i^t, y_i^t, b_i^t)} \frac{D_i^{t+1}(x_i^{t+1}, y_i^{t+1}, b_i^{t+1})}{D_i^{t+1}(x_i^t, y_i^t, b_i^t)} \right]^{\frac{1}{2}} \quad (2-19)$$

其中，x_i^t、x_i^{t+1}、y_i^t、y_i^{t+1}、b_i^t 和 b_i^{t+1} 分别表示行业 i 在时期 t 和时期 $t+1$ 的投入和产出向量，$D_i^t(x_i^t, y_i^t, b_i^t)$ 和 $D_i^{t+1}(x_i^{t+1}, y_i^{t+1}, b_i^{t+1})$ 分别表示将时间 t 的技术作为参照，时期 t 和时期 $t+1$ 的距离函数。若 $M_{i,t+1}(x_i^t, x_i^{t+1}, y_i^t, y_i^{t+1}, b_i^t, b_i^{t+1}) < 1$，则表示受评估的决策单元的生产率有所下降；若 $M_{i,t+1}(x_i^t, x_i^{t+1}, y_i^t, y_i^{t+1}, b_i^t, b_i^{t+1}) > 1$，则表示受评估的决策单元的生产率有所改善。

根据曼奎斯特指数，可以进行如下等式变换：

$$M_{i,t+1}(x_i^t, x_i^{t+1}, y_i^t, y_i^{t+1}, b_i^t, b_i^{t+1})$$

$$= \frac{D_i^{t+1}(x_i^{t+1}, y_i^{t+1}, b_i^{t+1})}{D_i^t(x_i^t, y_i^t, b_i^t)} \times \left[\frac{D_i^t(x_i^t, y_i^t, b_i^t)}{D_i^{t+1}(x_i^t, y_i^t, b_i^t)} \times \frac{D_i^t(x_i^{t+1}, y_i^{t+1}, b_i^{t+1})}{D_i^{t+1}(x_i^{t+1}, y_i^{t+1}, b_i^{t+1})} \right]^{\frac{1}{2}}$$

$$(2-20)$$

其中，技术变动指数 $TC = \frac{D_i^t(x_i^t, y_i^t, b_i^t)}{D_i^{t+1}(x_i^t, y_i^t, b_i^t)} \times \frac{D_i^t(x_i^{t+1}, y_i^{t+1}, b_i^{t+1})}{D_i^{t+1}(x_i^{t+1}, y_i^{t+1}, b_i^{t+1})}$。若规模经济可变，则技术效率指数可以进一步分解为两种形式：一是纯技术效率（Pure Technical Efficiency Change，PTEC）；二是规模效率（Scale Efficiency Change，SEC）。这两种技术效率的表达式如下：

$$M_{V,C}^{t,t+1} = \frac{D_V^{t+1}(x_i^{t+1}, y_i^{t+1}, b_i^{t+1})}{D_V^t(x_i^t, y_i^t, b_i^t)} \times$$

$$\left[\frac{D_V^t(x_i^t, y_i^t, b_i^t)}{D_C^t(x_i^t, y_i^t, b_i^t)} \times \frac{D_C^{t+1}(x_i^{t+1}, y_i^{t+1}, b_i^{t+1})}{D_V^{t+1}(x_i^{t+1}, y_i^{t+1}, b_i^{t+1})} \right]^{\frac{1}{2}} \times$$

$$\left[\frac{D_C^t(x_i^t, y_i^t, b_i^t)}{D_C^{t+1}(x_i^t, y_i^t, b_i^t)} \times \frac{D_C^t(x_i^{t+1}, y_i^{t+1}, b_i^{t+1})}{D_C^{t+1}(x_i^{t+1}, y_i^{t+1}, b_i^{t+1})} \right]^{\frac{1}{2}}$$

即

$$M_{V,C}^{t,t+1} = PTEC \times SEC \times TC = TEC \times TC \quad (2-21)$$

以上关于全要素生产率的测算，并没有把污染这一环境因素纳入生产函数，由此得出的全要素生产率的数值并不精确。为了更加合理地描述环境污染对经济活动的相关影响，在测算全要素生产率时，一些研究开始将污染排放投入纳入距离函数。

（2）方向性距离函数以及 Malmquist—Luenberger 生产率指数。假如一个决策单元投入 N 种生产要素 $x=(x_1, \cdots, x_N) \in R_+^N$，期望产出为 M 个 $y=(y_1, \cdots, y_M) \in R_+^M$，非期望产出为 I 个 $b=(b_1, \cdots, b_I) \in R_+^I$。生产可能性集可以表示如下：

$$P(x)=\{(y, b): x(能生产 y, b)\}, \quad x \in R_+^N \qquad (2-22)$$

根据 Färe 等（2007）的相关研究，生产可能性集应满足以下特性：

特性 1：若 $(y, u) \in P(x)$ 且 $x' \leq x$ 或 $y' \leq y$，则 $(y', u) \in P(x)$，$P(x) \subseteq P(x')$，即所有投入和期望产出都是可以自由处置的。

特性 1 表明：有限的投入所产生的产出也是有限的。

特性 2：若 $(y, u) \in P(x)$ 且 $0 \leq \theta \leq 1$，则 $(\theta y, \theta b) \in P(x)$，即期望产出与非期望产出的联合弱可处置性。

特性 2 表明：当资源投入既定，要降低非期望产出，则期望产出一定会同时减少。

特性 3：若 $(y, u) \in P(x)$ 且 $b=0$，则 $y=0$，即期望产出与非期望产出的零结合性。

特性 3 表明：期望产出和非期望产出二者相伴而行。

方向距离函数允许同时调整投入和产出的方向，如减少投入并增加产出，从而更符合现实生产中的多目标优化需求。方向距离函数不再局限于投入或产出的单一方向，尤其适用于进行期望产出与非期望产出的相关研究。方向距离函数是对传统 Shephard 距离函数的扩展与完善。通过与数据包络分析法相结合，方向距离函数为环境政策评估和动态生产效率分析提供了强有力的分析工具。方向性距离函数表达式如下：

$$D_0^t(x_i^t, y_i^t, b_i^t; y_i^t, b_i^t)=\sup\{\beta: (y_i^t, b_i^t)+\beta(y_i^t, b_i^t) \in P^t(x_i^t)\}$$

$$=\sup\{\beta: (1+\beta)y_i^t, (1-\beta)b_i^t \in P^t(x_i^t)\} \qquad (2-23)$$

为了获得式（2-23）的方向性距离函数，需要解下式的线性规划：

$$D_0^t(x_i^t, \ y_i^t, \ b_i^t; \ y_i^t, \ -b_i^t) = \mathrm{Max}_{Z,\beta}\beta$$

$$\mathrm{s.\,t.} \begin{cases} YZ \geqslant (1+\beta)y_i \\ (1-\beta)b_i = BZ \\ x_i - XZ \geqslant 0 \\ Z \geqslant 0 \end{cases} \tag{2-24}$$

在上面的约束条件中，关于非期望产出的约束条件是弱处置假定，而关于期望产出和投入的约束条件则说明这些因素是自由处置的。为计算全要素生产率指数，需要进一步求解下列四个函数：基于 t 期观测值和 t 期技术的方向性距离函数 $D_0^t(x_i^t, \ y_i^t, \ b_i^t; \ y_i^t, \ -b_i^t)$，基于 $t+1$ 期观测值和 $t+1$ 期技术的方向性距离函数 $D_0^{t+1}(x_i^{t+1}, \ y_i^{t+1}, \ b_i^{t+1}; \ y_i^{t+1}, \ -b_i^{t+1})$，基于 t 期观测值和 t 期技术的方向性距离函数 $D_0^{t+1}(x_i^t, \ y_i^t, \ b_i^t; \ y_i^t, \ -b_i^t)$，以及基于 $t+1$ 期观测值和 $t+1$ 期技术的方向性距离函数 $D_0^t(x_i^{t+1}, \ y_i^{t+1}, \ b_i^{t+1}; \ y_i^{t+1}, \ -b_i^{t+1})$。Chung 等（1997）在此基础上构造了第 t 期以及 $t+1$ 期的 Malmquist-Luenberger 生产率指数如下：

$$ML_{t,t+1} = \left[\frac{1+D_0^t(x_i^t, \ y_i^t, \ b_i^t; \ y_i^t, \ -b_i^t)}{1+D_0^t(x_i^{t+1}, \ y_i^{t+1}, \ b_i^{t+1}; \ y_i^{t+1}, \ -b_i^{t+1})} \times \right.$$
$$\left. \frac{1+D_0^{t+1}(x_i^t, \ y_i^t, \ b_i^t; \ y_i^t, \ -b_i^t)}{1+D_0^{t+1}(x_i^{t+1}, \ y_i^{t+1}, \ b_i^{t+1}; \ y_i^{t+1}, \ -b_i^{t+1})} \right]^{\frac{1}{2}} \tag{2-25}$$

式（2-25）能够继续进行如下分解：

$$ML_{t,t+1} = \frac{1+D_0^t(x_i^t, \ y_i^t, \ b_i^t; \ y_i^t, \ -b_i^t)}{1+D_0^{t+1}(x_i^{t+1}, \ y_i^{t+1}, \ b_i^{t+1}; \ y_i^{t+1}, \ -b_i^{t+1})} \times$$
$$\left[\frac{1+D_0^{t+1}(x_i^{t+1}, \ y_i^{t+1}, \ b_i^{t+1}; \ y_i^{t+1}, \ -b_i^{t+1})}{1+D_0^t(x_i^{t+1}, \ y_i^{t+1}, \ b_i^{t+1}; \ y_i^{t+1}, \ -b_i^{t+1})} \times \right.$$
$$\left. \frac{1+D_0^{t+1}(x_i^t, \ y_i^t, \ b_i^t; \ y_i^t, \ -b_i^t)}{1+D_0^t(x_i^t, \ y_i^t, \ b_i^t; \ y_i^t, \ -b_i^t)} \right]^{\frac{1}{2}}$$

即

$$ML_{t,t+1} = TEC \times TC \tag{2-26}$$

其中，$TEC = \dfrac{1+D_0^t(x_i^t,\ y_i^t,\ b_i^t;\ y_i^t,\ -b_i^t)}{1+D_0^{t+1}(x_i^{t+1},\ y_i^{t+1},\ b_i^{t+1};\ y_i^{t+1},\ -b_i^{t+1})}$ 度量的是跨期的生产效率变

化，$TC = \left[\dfrac{1+D_0^{t+1}(x_i^{t+1},\ y_i^{t+1},\ b_i^{t+1};\ y_i^{t+1},\ -b_i^{t+1})}{1+D_0^t(x_i^{t+1},\ y_i^{t+1},\ b_i^{t+1};\ y_i^{t+1},\ -b_i^{t+1})} \times \dfrac{1+D_0^{t+1}(x_i^t,\ y_i^t,\ b_i^t;\ y_i^t,\ -b_i^t)}{1+D_0^t(x_i^t,\ y_i^t,\ b_i^t;\ y_i^t,\ -b_i^t)}\right]^{\frac{1}{2}}$ 衡

量的是技术变化的程度。若出现了生产更少的期望产出和更多的非期望产
出的倾向，则 TC<1；而相反的情况出现则会导致 TC>1。

当 ML<1 时，表明全要素生产率下降；当 ML>1 时，则表明全要素生
产率提高。

（3）SBM 方向性距离函数以及 Luenberger 生产率指数。Shephard 距离
函数和方向性距离函数均未涉及投入过多以及产出不够的状况，其结果是
将出现高估或低估评价对象的生产率的现象。SBM 方向性距离函数是非径
向效率函数与方向距离函数的有机结合，能够同时处理方向调增和松弛优
化问题，支持非径向与非期望产出分析。通过该方法测算的结果相对于传
统数据包络分析法对数据噪声的敏感度更低。SBM 方向性距离函数同时具
备比例调整和结构优化的优势，为多目标政策评估以及环境治理等复杂效
率测度提供了更科学化和精细化的分析工具。SBM 方向性距离函数的基本
假设如下：

假定一个决策单位的投入要素包括 N 个 $x = (x_1,\ \cdots,\ x_N) \in R_+^N$，其期
望产出包括 M 个 $y = (y_1,\ \cdots,\ y_M) \in R_+^M$，而其非期望产出包括 L 个 $b = (b_1,\ \cdots,\ b_L) \in R_+^L$，则可以使用 $(x^{k,t},\ y^{k,t},\ b^{k,t})$ 来表示这个决策单位的
投入以及产出，式中的 $t = 1,\ \cdots,\ T$ 表示每一个时期，$k = 1,\ \cdots,\ K$ 表示决
策单元。生产可能性集在满足闭合性和凸性假设的情况下，通过数据包络
分析法，可将其描述如下：

$$T = \left\{ (x^t,\ y^t,\ b^t): \sum_{k=1}^{K} \lambda_k^t x_{kn}^t \leqslant x_n^t,\ \forall n;\ \sum_{k=1}^{K} \lambda_k^t y_{km}^t \leqslant y_m^t,\ \forall m; \right.$$

$$\left. \sum_{k=1}^{K} \lambda_k^t b_{kl}^t \leqslant b_l^t,\ \forall l;\ \sum_{k=1}^{K} \lambda_k^t = 1,\ \lambda_k^t \geqslant 0,\ \forall k \right\} \qquad （2-27）$$

其中，λ_k^t 表示每个横截面观测值的权重。$\sum\limits_{k=1}^{K} \lambda_k^t = 1$ 代表的是规模报酬

不变（VRS）。

SBM 方向性距离函数的具体假设如下（Fukuyama & Weber，2009）：

$$\vec{S}_V^t(x^{t,\,k'},\ y^{t,\,k'},\ b^{t,\,k'};\ g^x,\ g^y,\ g^b)$$

$$= \text{Max}_{s^x,\,s^y,\,s^b}\ \dfrac{\dfrac{1}{N}\sum_{n=1}^{N}\dfrac{s_n^x}{g_n^x} + \dfrac{1}{M+L}\left(\sum_{m=1}^{M}\dfrac{s_m^y}{g_m^y} + \sum_{l=1}^{L}\dfrac{s_l^b}{g_l^b}\right)}{2}$$

$$\text{s.t.}\begin{cases} \sum_{k=1}^{K}\lambda_k^t x_{kn}^t + s_n^x = x_{k,\,n}^t,\ \forall n \\[2mm] \sum_{k=1}^{K}\lambda_k^t x_{km}^t - s_m^y = y_{k,\,m}^t,\ \forall m \\[2mm] \sum_{k=1}^{K}\lambda_k^t b_{kl}^t + s_l^b = x_{k,\,l}^t,\ \forall l \\[2mm] \sum_{k=1}^{K}\lambda_k^t = 1,\ \lambda_k^t \geqslant 0,\ \forall k \\[2mm] s_n^x \geqslant 0,\ \forall n \\[2mm] s_m^y \geqslant 0,\ \forall m \\[2mm] s_b^l \geqslant 0,\ \forall l \end{cases} \qquad (2\text{-}28)$$

其中，$\vec{S}_V^t$ 表示规模报酬不变条件下的方向性距离函数，$(x^{t,k'},\ y^{t,k'},\ b^{t,k'})$ 表示每个决策单元 k' 的投入向量和产出向量，而 $(g^x,\ g^y,\ g^b)$ 分别表示投入压缩、"好产出"扩展和"坏产出"压缩的方向向量（Fukuyama & Weber，2009）。如果松弛变量各元素并不都等于零，那么说明有地方需要进一步改进，直到其所有元素均为零时，这个观测点方能达到最优。松弛变量的用途之一是：能够根据松弛变量的大小测度观测点与最优点之间的距离。松弛变量较大，那么该松弛变量所对应的投入冗余量就较大，同时期望产出较小，非期望产出较大。

SBM 方向性距离函数表示效率水平的高低。其函数值较大，则说明决策单元的效率水平较低；其函数值较小，则说明决策单元的效率水平较高。根据 Cooper 等（2004）的研究，无效率项将可以被分解成如下表达式：

投入无效率：

$$IE_x = \frac{1}{2N}\sum_{n=1}^{N}\frac{s_n^x}{g_n^x} \tag{2-29}$$

"好"产出无效率：

$$IE_y = \frac{1}{2(M+L)}\sum_{m=1}^{M}\frac{s_m^y}{g_m^y} \tag{2-30}$$

"坏"产出无效率：

$$IE_b = \frac{1}{2(M+L)}\sum_{l=1}^{L}\frac{s_l^b}{g_l^b} \tag{2-31}$$

Chambers 等（1996）定义的跨期 Luenberger 生产率指标如下：

$$LTFP_t^{t+1} = \frac{1}{2}\{[\vec{S_C^t}(x^t, y^t, b^t; g) - \vec{S_C^t}(x^{t+1}, y^{t+1}, b^{t+1}; g)] +$$

$$[\vec{S_C^{t+1}}(x^t, y^t, b^t; g) - \vec{S_C^{t+1}}(x^{t+1}, y^{t+1}, b^{t+1}; g)]\} \tag{2-32}$$

该 Luenberger 生产率指标代表着在 t 期和 $t+1$ 期技术条件下，全要素生产率变动的算术平均。Luenberger 生产率指数既可以被用来评价生产率的高低，也展示了增加期望产出，同时减少非期望产出的途径。

为了更准确地分析生产率变化的原因，在以上 Luenberger 生产率指数的基础上，能够进一步地计算纯效率变化（LPEC）、纯技术进步（LTPT）、规模效率变化（LSEC）以及技术规模变化（LTPSC）（Grosskopf，2003）：

$$LTFP = LPEC + LPTP + LSEC + LTPSC \tag{2-33}$$

$$LPEC_t^{t+1} = \vec{S_V^t}(x^t, y^t, b^t; g) - \vec{S_V^{t+1}}(x^{t+1}, y^{t+1}, b^{t+1}; g) \tag{2-34}$$

$$LTPT_t^{t+1} = \frac{1}{2}\{[\vec{S_V^{t+1}}(x^t, y^t, b^t; g) - \vec{S_V^t}(x^t, y^t, b^t; g)] +$$

$$[\vec{S_V^{t+1}}(x^{t+1}, y^{t+1}, b^{t+1}; g) - \vec{S_V^t}(x^{t+1}, y^{t+1}, b^{t+1}; g)]\} \tag{2-35}$$

$$LSEC_t^{t+1} = [\vec{S_C^t}(x^t, y^t, b^t; g) - \vec{S_V^t}(x^t, y^t, b^t; g)] -$$

$$[\vec{S_C^{t+1}}(x^{t+1}, y^{t+1}, b^{t+1}; g) - \vec{S_V^{t+1}}(x^{t+1}, y^{t+1}, b^{t+1}; g)] \tag{2-36}$$

$$LTPSC_t^{t+1} = \frac{1}{2}\{[\overrightarrow{S_C^{t+1}}(x^t, y^t, b^t; g) - \overrightarrow{S_V^{t+1}}(x^t, y^t, b^t; g)] -$$

$$[\overrightarrow{S_C^t}(x^t, y^t, b^t; g) - \overrightarrow{S_V^t}(x^t, y^t, b^t; g)] +$$

$$[(\overrightarrow{S_C^{t+1}}(x^{t+1}, y^{t+1}, b^{t+1}; g) - \overrightarrow{S_V^{t+1}}(x^{t+1}, y^{t+1}, b^{t+1}; g)) -$$

$$[(\overrightarrow{S_C^t}(x^{t+1}, y^{t+1}, b^{t+1}; g) - \overrightarrow{S_V^t}(x^{t+1}, y^{t+1}, b^{t+1}; g))]\}$$

$$(2-37)$$

数据包络分析具有非常鲜明的特点和十分广泛的用途，它不仅能够被用来评价只有一个产出的情况，也能够被用于同时有多个产出的情况，而且可以直接运用实物的形式来测算前沿生产函数。此外，数据包络分析方法的数据偏差会随着样本的增加而扩大，导致平均效率的数值随着样本的增加而降低。之所以会出现这种现象，主要是在数据包络分析中效率差异的唯一原因是随机误差的出现。数据包络分析法以非参数特性和可同时处理多个输入指标和输出指标的优势，成为效率评估领域被广泛应用的效率评估工具。数据包络分析法特别适合企业、学校和医院等决策单元以及公共服务和纳入污染物作为非期望输入的环境经济等复杂系统分析。当数据包络分析法存在极端值等情况时，容易扭曲生产前沿面，从而导致效率估算的失真，因此在使用该方法时可以通过引入时间维度或与参数方法相结合来提高研究结论的稳健性。在数字化转型背景下，数据包络分析法可以与机器学习和人工智能等新技术相结合，以进一步拓展其在智能决策中的应用场景。

三、农业全要素生产率测算

（一）测算对象

农业的概念有两个：广义农业和狭义农业。前者包括农林牧副渔，后者仅指种植业，而粮食在种植业当中占据主导地位。Wu 和 Meng（1997）通过比较研究，认为农村劳动力的迁移整体上没有影响中国粮食的生产，但却因各个地区的要素禀赋以及所选择的技术不同而有不同的影响。Chen 等（2003）、Tan 等（2010）则认为，土地细碎化对效率具有决定性的作用。van den Berg 等（2007）用浙江省浦江县农户仿真模型分析了农田规模的增加和农户由水稻生产转向蔬菜生产的影响以及机械化的作用。该研究表明在目前的农田规模下，增加农村收入和水稻产量的双重目标是有冲突的，农户可以通过种植蔬菜等营利性更大的经济作物来增加收入；随着种植规模的扩大，劳动力限制了非水稻作物的专业化，此时能实现提高收入和增加产量的双重目标；此外，机械化在农田规模扩大的过程中是必要的。Feng（2008）利用江西东北部三个村庄的农户和地块层面的数据，运用一步法估计土地租赁市场以及由此产生的土地租赁合同和非农就业对水稻生产技术效率的影响，研究结果表明，租用土地农户的生产效率高于非租用土地农户，租用土地与非租用土地的效率一样高，而且非农就业对技术效率没有影响。Liu 和 Wang（2005）运用 1991～1999 年 28 个省级行政单位的数据，通过比较分析传统生产模型和包括时间因素的扩展模型，对比分析了相对于 20 世纪 80 年代中国农业的停滞，1990 年农业产值迅速复苏的原因，结果表明，技术进步对整个样本期产量的贡献是58%，即技术进步是农业复苏的主要原因，其次是化肥，其贡献率是19%；对于农户来说，土地承包期三十年不变有利于鼓励其使用新技术和追加投资，而机械化、塑料薄膜的使用和受教育程度的提高都对 1990 年中国农业产量的增长有促进作用。Chen 等（2013）使用 2005～2009 年中国 22 个省级行政单位的粮食生产数据，构建包括 4961 个农户的面板数据和随机前沿生产函数，分解了农户层面的粮食生产的全要素生产率，研究发现，在此期间粮食产量增加的主要促进因素来自要素投入的增加，其贡献为 60.92%，而全要素生产率的贡献仅为 17.30%；投入的增加主要是由于中间投入的增加，劳动投入的减少是粮食产量增加的阻碍因素。

根据测算对象的不同，国内关于农业全要素生产率的测算文献主要包括：马文杰（2010）根据广义农业的统计数据推导得出粮食生产的投入要素。张雪梅（1999）、刘树坤和杨沕华（2005）、杨春和陆文聪（2007）以及赵贵玉等（2009）对中国玉米生产增长与全要素生产率问题进行了相关研究。王明利和吕新业（2006）测算了水稻的生产率变化状况。李静等（2013）估算了中国油料作物的全要素生产率变化及其原因。陈书章等（2013）测算了小麦生产全要素生产率并进行了区域比较。针对农业细分产业的研究呈现多元化趋势，关于种植业、林业和畜牧业等不同产业全要素生产率的测度以及区域差异特征等研究层出不穷。近年来，相关研究进一步向微观作物层面延伸，关于县域尺度上花生生产的全要素生产率、苹果主产区的效率差异以及棉花产业的生产效率等相关研究进一步丰富了农业全要素生产率的测算对象。

从现有文献中可以看出，农业全要素生产率的对象越来越多样化和精细化。现有研究对象不仅有广义农业，而且还有狭义农业；既有国家层面的全要素生产率研究，也有省级水平的相关测度，甚至包括农户层面。随着研究对象的不断细化，用以研究农业全要素生产率的方法也越来越科学和灵活。

（二）测算方法

关于技术效率的含义及其测量方法的研究最早始于 20 世纪 50 年代的英国经济学家 Farrell（1957）和 Leibenstein（1966）。Afriat（1972）开启了利用计量模型进行估计技术效率的新纪元。Richmond（1974）发展了 Afriat（1972）的边界生产函数，随机前沿生产函数便应运而生（Aigner et al. , 1977；Battese & Corra，1977；Meeusen & van den Broeck，1977），并很快成为计量经济学引人注目的一个分支（涂正革和肖耿，2005）。再加上 Charnes 等（1978）提出的数据包络分析，使得人们对同一类型部门的绩效进行评价成为现实。

全要素生产率的估算方法有随机前沿分析法、增长会计法以及数据包络分析法三大类。其中，增长会计法包括代数指数法以及索洛余值法。全要素生产率的测度方法体系可依据生产边界假设条件划分为非前沿型方法与前沿型方法。非前沿测算方法基于完全技术效率假设，代表性方法包含索洛余值模型和隐性变量法等传统测算手段。前沿测算方法则突破完全效率假设，通过度量实际生产单元与效率边界的偏离程度来识别技术无效率问题，其中随机前沿分析和数据包络分析构成两大主流范式。随机前沿模型通过构建包含复合误差项的生产函数，将技术非效率与随机扰动进行分离，其显著优势在于能够同时捕捉技术无效率和外部环境冲击对生产效率的影响，更贴近农业生产的现实情境。数据包络分析则运用线性规划技术构建生产可能性边界，通过多投入多产出的非参数模型评估决策单元的相对效率，该方法因无需预设生产函数形式且规避主观赋权偏差，被广泛应用于农业绿色全要素生产率的测度研究。

Wong（1986）、Wen（1993）等运用代数指数法对中国农业全要素生产率的变化进行了分析；McMillan 等（1989）、Fan（1997）采用索洛余值法探讨了中国农业全要素生产率的特征；比较典型的运用随机前沿分析法进行研究的有 Wu 等（2001）、Xu（1999）；利用 DEA-Malmquist 指数进行研究的有 Mao 和 Koo（1997）、Chen 等（2008）；Bureau 等（1995）在研究全要素生产率时运用了三种不同的非参数方法，最终得到的农业全要素生产率的增长率结论差异不大。

在国内方面，冯海发（1993）运用代数指数法对中国农业全要素生产率的变化进行了分析；赵洪斌（2004）、赵芝俊和张社梅（2006）则采用索洛余值法探讨了中国农业全要素生产率的特征；石慧等（2008）、赵芝俊和袁开智（2009）运用随机前沿分析方法分析了中国农业的全要素生产率；李静和孟令杰（2006）、李谷成（2009）运用数据包络分析法进行了农业全要素生产率的相关研究。

关于农业全要素生产率的测算方法，当前测算体系存在方法论分歧与指标选取差异两大核心问题。不同模型对非期望产出的处理方式或投入产出变量的界定标准直接影响测算结果的稳健性。因此，在构建农业全要素生产率测度框架时，需综合考虑研究对象的空间尺度、产业特征与数据的可得性，审慎选择测度方法与指标体系，以确保研究结论的科学性与政策指导价值。不同的测算方法会得到不同的测算结果（应瑞瑶和潘丹，2012）。生产前沿面研究方法包括参数方法和非参数方法，这两种方法各有优缺点，如非参数方法简便易行，但却忽略了随机扰动的因素。考虑到农业生产的自身特点，本书选用随机前沿分析方法考察中国粮食生产效率问题。

（三）约束条件下农业全要素生产率的测算

随着我国经济由高速增长向高质量发展阶段的转变，单纯强调以产量为目标的农业发展方式已不适合当下经济发展的要求。在保障农业稳定发展的前提下，需要改变农业发展方式。深入推进农业供给侧结构性改革，实现农业绿色发展，既能缓解资源环境压力，又能实现农业的可持续发展。因此，考虑如何提高农业生产的绿色全要素生产率是实现农业绿色与可持续发展需要研究的重要课题。

在进行农业生产的绿色全要素生产率测算前，首先需要对传统的全要素生产率以及绿色全要素生产率的概念进行相关界定。不同于劳动、资本或技术等单一生产要素效率，传统全要素生产率是指生产者在生产过程中投入的各种生产要素的综合生产效率。从概念界定来看，全要素生产率指的是对生产过程中所有投入要素的使用效率。全要素生产率的提高来源于生产技术和产品质量的提高、管理模式的创新以及组织结构的升级等因素。按照索洛余值计算的全要素生产率为产出增长减去劳动和资本等要素对产出增长贡献之后的余值。传统全要素生产率一般指经济学意义上的投入与产出之间的关系，其中产出一般为产量等期望产出。绿色全要素生产率与传统全要素生产率的不同在于，将生产过程中产生的对环境和资源等外部影响考虑在内，在生产函数中加入了环境污染和资源浪费等非期望产出。传统全要素生产率与绿色全要素生产率在估算全要素生产率的思路以及方法等方面并无区别，但因环境污染或资源浪费等非期望产出的加入，使得绿色全要素生产率能够更好地衡量一个经济体在经济增长过程中的增长质量，而不仅仅是增长速度。

因将非期望产出纳入生产函数，在测算绿色全要素生产率时，如何选取非期望产出并对其进行核算是绿色全要素生产率测算的重点之一。由于非期望产出的数值期望越小越好，这与投入的期望方向一致，因此，很多学者最初将非期望产出作为投入量纳入分析框架进行测算。以上测算方法虽然在数学方法上可行，但是很明显与实际生产过程不符。因此，在后续研究过程中，这一思路逐渐淡出研究领域。学者开始尝试使用各种技术手段将非期望产出进行处理，如使用倒数或者负值的做法，这样既能保证模型的建立更加贴合实际生产过程，也满足了非期望产出越小越好的期望。关于非期望产出的主要处理方式有两种：一是将其作为正常产出纳入模型中。例如，将生产过程中产生的污染物作为多样化产出的一部分纳入生产函数并计算绿色全要素生产率。二是将非期望产出进行一些必要的转化。例如，将生产过程中产生的废水、废气和废渣作为非期望产出，进而将其作为环境投入纳入生产函数以对绿色全要素生产率进行核算。

关于全要素生产率的研究，学者将思路聚焦在生产投入过程中，在衡量时只是将直接投入和直接产出放入到测量框架内。但是在现实生活中，大多数生产过程中的投入和产出其实并非仅是如此。以农业生产为例，投入品不是只有化肥农药等生产资料，还包括土地本身固有的初级生产力，产出品也不是只包括农产品产量，在生产过程中，不可避免地会出现对资源环境的破坏与损耗，并且以农业多功能性为基础，人为活动的干预往往也会赋予农业更深层次的社会功能以及文化功能。换言之，生产过程中的外部性投入和产出并未纳入之前的研究框架内。随着研究的不断深入以及人们环境保护意识的提高，学者开始将生产过程中对环境所造成的外部性内部化。Hailu 和 Veeman（2000）将生产过程中对环境造成的污染作为非期望产出纳入全要素生产率的测算框架内，并将其称为绿色全要素生产率（Green Total Factor Productivity，GTFP）。以农业生产为例，在化肥、农药、薄膜等投入品数量不变的情况下，需要测量的产出除了所期望的农产品生产数量，还需要考虑二氧化碳排放、面源污染等非期望产出，如何在尽可能地减少投入品数量、提高期望产出的同时，降低在资源环境保护方面的"非期望产出"，正是研究提高绿色全要素生产率的意义所在。

学者一般把环境污染当作一个非合意产出（Ball et al.，2004），或将其当作一个投入要素（Reinhard et al.，1999；Rezek & Perrin，2004）纳入生产函数。Repetto 等（1997）把环境污染因素纳入美国主要生产部门生产率的测量过程中。Ball 等（2004）通过包含农药残留与氮磷流失等非期望产出，把环境污染当作非合意产出纳入美国农业 TFP 估算中，构建了美国农业绿色全要素生产率的测度框架。Nanere 等（2007）将水土流失纳入澳大利亚绿色全要素生产率的测算中。

在国内，薛建良和李秉龙（2011）把氮磷流失量当作非合意产出，估算中国农业绿色全要素生产率。研究表明，1990～2008 年中国经过环境调整后的农业生产率增长呈现减少趋势，农业环境污染使农业生产率增长降低 0.09%～0.6%，且呈现较大的时期变化；不同的环境污染评价方法，导致不同的全要素生产率数值，为此，需要进一步探索环境污染价值评估方法，完善中国农业环境监测体系。闵锐和李谷成（2012）分别估算了包括环境污染以及不包括环境污染两种情况的中国农业全要素生产率。潘丹（2013）、吴丽丽等（2013）也进行了这方面的研究。随着环保意识的不断增强，考虑环境保护和资源节约的绿色全要素生产率逐渐成为学者的研究重点。

农业绿色全要素生产率相关研究在国外较为普遍，并且使用的研究方法大多是随机前沿分析方法。相比之下，国内大多利用 DEA - Malmquist - Luenberger 指数方法（薛建良和李秉龙，2011），并且研究结果会随着研究方法的改变而出现变化。

随着绿色发展观念的深入人心，学术界对于绿色全要素生产率的研究如雨后春笋般不断涌现。非期望产出相关研究也受到了重点关注。学者对于绿色全要素生产率的测算方法、时间趋势以及空间差异性进行了全方位的分析与研究。就目前的研究成果来看，非期望产出的选择具有多样性，非期望产出的确定原则以及衡量指标的不同使得绿色全要素生产率的分析结果有一定的差异性。非期望产出的选择以及测算标准，是进行绿色全要素生产率核算的重要基础。在进行绿色全要素生产率核算时，如何依据产业特征建立具有科学性、合理性和可操作性的非期望产出指标体系，是核算结果是否具有现实指导意义的重要保障。

四、农业全要素生产率的增长因素分析

根据现有文献，影响农业全要素生产率的要素，归纳起来有家庭联产承包责任制等制度因素、农产品价格等政策因素、气候变化等自然因素以及劳动力投入等要素因素。

（一）制度因素

在众多的全要素生产率影响因素中有许多研究都聚焦于制度因素。McMillan 等（1989）发现，20 世纪七八十年代中国农业生产率增长主要是因为实行了新的制度——家庭联产承包责任制。Fan（1991）将全国分为七大地区，研究地区之间全要素生产率的差异性，发现家庭承包责任制对不同地区的农业增长有差异，相比技术因素，制度因素仍然是各地区农业生产率增长的主要动因。当然，也有研究得出不同的结论（Lin，1992）。

国内也进行了制度因素的相关研究。黄少安等（2005）、刘玉铭和刘伟（2007）研究了改革开放之前的农业生产率的变化情况。乔榛等（2006）、郑晶和温思美（2007）、杨正林（2007）、李谷成（2009）研究了财税制度、工业化制度、价格制度等对农业全要素生产率的影响。

从现有关于制度因素对农业全要素生产率的影响来看，不同制度类型，尤其是家庭联产承包责任制在不同时期对农业全要素生产率具有不同作用。但制度变迁都对农业全要素生产率具有显著影响，且具有严重的路径依赖性。制度因素对农业全要素生产率的影响相关分析已经从单一产权研究扩展到市场、政策和组织等多维视角探究。为了更好地促进生产力的发展以提高农业全要素生产率，需要更多地关注制度的内生性、动态性及其与技术进步的协同效应，以期为农业的高质量发展提供更具可操作性的政策启示。此外，产权明细化、市场化改革和适配的政策支持也是提高全要素生产率的关键举措。

（二）政策因素

政府对农业经济活动实施的政策，涵盖了产业政策、人口迁移政策、户籍政策、税收政策和财政补贴等方面。以上政策是调节农业生产、保障粮食安全和促进农业发展的重要工具。这些政策工具既可以通过优化农业资源配置从而提高农业全要素生产率，也有可能未取得预期的政策效果，导致效率损失。最低收购价等价格支持政策通过稳定农民收入预期，从而鼓励农民进行良种等生产要素的合理投入。农机具购置补贴或灾害补偿等生产补贴政策具有提升技术采纳率的作用。农地确权等产权政策通过降低交易成本和稳定产权，促进生产者对农业的长期投资，避免土地流转出现"非粮化"趋势。环境与可持续发展政策能够倒逼绿色技术创新，从而提高农业的可持续生产能力。关于产业政策对农业全要素生产率的影响，学术界主要分为三种主要观点：第一种观点认为产业政策既必要又有效，主张在市场信息不对称和不完全的情况下，政府干预能够纠正市场失灵；第二种观点认为市场自身的价格机制足以实现资源最优配置，政府干预反而会导致资源错配和全要素生产率的下降；第三种观点则更关注产业政策的实施路径，认为其对全要素生产率的影响具有不确定性。

国外的文献方面，Fulginiti 和 Perrin（1993，1997）、Rozelle 等（1997）以及 Mead（2003）分别从不同的角度、利用不同国家和地区的数据研究了农业政策的不同影响。国内的文献方面，张永霞（2006）、陈卫平（2006）以及祖立义等（2008）通过研究得出如下结论：从 20 世纪 80 年代中期到 21 世纪初的 20 年间，改革开放等政策因素对中国种植业全要素生产率的贡献最为突出。

根据上述研究成果可知，农业政策不仅是农业单产提高的重要因素，也影响着农业全要素生产率的提高。当然，农业政策作为一把"双刃剑"，其波动也会直接导致农业全要素生产率出现波动。农业政策对农业生产效率的影响效果取决于政策类型、实施环境及配套制度等多方面因素。未来需在保障农业发展和生态可持续性之间寻求动态平衡，同时注重政策工具的灵活性与适应性。跨国比较与微观机制研究将成为深化对政府政策认知的关键路径。

（三）自然因素

关于自然因素及气候条件对农业的影响相关研究较多（Rozelle et al.，1999；Jin et al.，2002）。Zhang 和 Carter（1997）进行了包括受灾率、全球气候升温等农业所面临的自然风险研究。根据余建斌等（2007）的研究结果，中国大豆生产技术效率的高低主要受到自然灾害以及大豆种植比例两个因素的影响。黄振华（2008）也研究了气候因素对中国农业全要素生产率的影响。但是，现有文献并没有详细探讨气候因素对农业全要素生产率的全面影响。例如，朱希刚（1984）在测算中国农业总产出时通过使用指数平滑法来消除异常气候对产出的影响，而不是把异常气候作为一个影响产出的重要因素纳入其估算过程中。

（四）要素因素

在影响全要素生产率的因素中，劳动力是唯一具备能动性的重要因素投入，对于提升全要素生产率至关重要。自改革开放以来，中国经济实现了高速增长，其中人口红利起了关键作用。中国的劳动力总量在一个较长时期内供应充足且人力资本水平不断提高，对全要素生产率的提升至关重要。伴随城镇化进程的推进，大量农村剩余劳动力被城镇非农部门吸纳，农村劳动力的数量、结构和质量发生了显著变化。农村劳动力转移对农业全要素生产率的影响是正向效应还是负向效应，现有研究存在分歧。一种观点认为，农村劳动力向城镇或其他非农业产业的转移促进农地流转市场化，土地资源配置效率得到提升，进而促进了农业生产的规模经济效应。这种规模化的生产模式有助于提高农业生产效率，从而增强农产品的市场竞争力。城乡人口迁移不仅推动了资本在不同地域间的转移，而且有效地减轻了农村地区信贷资源短缺的状况。这种迁移现象有助于加快农业领域的资金积累过程，从而促进了农业生产力的提升和农业资本结构的优化。另一种观点则认为，正是农业劳动力的外流造成了优质农田出现"非粮化"趋势，从而不利于农业的可持续发展。大量农村劳动力的转移也使农村人力资本严重流失，导致农业经营环境恶化，不利于农业生产效率的提高。

Wang 等（1996）通过随机前沿函数研究中国农户生产效率，研究结果表明，影响农业生产效率的主要因素是家庭资源禀赋以及劳动者的受教育程度。Xu（1999）对江苏水稻种植的研究表明，农村劳动力的迁移整体上没有影响中国粮食的生产，但因各个地区的要素禀赋以及所选择的技术不同而有不同的影响。Rozelle 等（1999）研究发现，移民和汇款对中国玉米生产的净效应是负面的。马草原（2009）通过研究得出如下结论：劳动力流动导致务农人员"平均素质"降低，进而致使农业效率下降。陈刚和王燕飞（2010）研究了教育对农业生产效率的不同影响。除了对劳动数量在农业生产中的作用进行了探析，劳动力质量—人力资本水平的研究也备受关注（张艳华和刘力，2006；李谷成，2009）。

此外，Carter 等（2003）、Chapman 等（2003）、Eswaran 和 Kotwal（1985）、Fenoaltea（2003）、Chavas 等（2005）、Hazell 和 Hojjati（1995）、Goodwin 和 Mishra（2004）、李谷成等（2008）的研究还进一步考虑了农户规模和非农经营活动对农业生产效率的影响。

从现有研究来看，对农业全要素生产率的影响因素相关研究成果颇丰。影响因素的相关研究具有如下两个特征：第一，对于影响因素的选择，实证分析得到的结论难以达成一致；第二，从文献数量和内容来看，对于农业全要素生产率的影响因素的研究更多集中于劳动力、资本、土地和研发投入等内生性影响因素以及政府政策、规模经济效应和区域经济发展水平等外生性影响因素，对自然灾害、公共卫生与国际形势等随机因素的讨论相对较少。此外，对于不同地区，影响农业全要素生产率的主要因素不同，因此需要比较研究不同地区农业全要素生产率的主要影响因素，以及同一因素对不同地区农业全要素生产率的作用。农业全要素生产率的影响因素多元交织，其中，技术进步为全要素生产率提供核心动力，制度安排是全要素生产率的基础保障，自然条件是全要素生产率面临的刚性约束。促进农业全要素生产率，需对相关影响因素进行系统性优化，最终实现农业全要素生产率、生态安全与人类福祉的协同提升。

五、全要素生产率与农业增长

农业全要素生产率是发展经济学研究的重要议题。全要素生产率对农业生产、经济结构转型等均具有重要影响。农业全要素生产率的提高，不仅可以提高整个农业部门的产量，加快农业部门的发展，同时还可以释放大量农村剩余劳动力，促进工业和服务业发展以及经济结构转型。此外，农业全要素生产率的提升能够显著促进农民增产增收，有效保障粮食安全并缩小城乡收入差距。全要素生产率与农业增长的关系研究，从新古典范式的索洛余值走向制度、技术与自然条件的多维解构，为农业现代化提供了理论基石与实践指南。根据 Wen（1993）的研究结果，相对于1952 年以及实行农村改革措施之后的 20 世纪 80 年代初，1952~1978 年农业全要素生产率指数下降了 20%~30%。Fan（1991）、Wen（1993）、Xu（1999）以及 Lin（1992）也进行了类似研究。现有研究关于实行家庭联产承包责任制之后中国农业全要素生产率的变化结论是一致的：农业全要素生产率不断提高，只不过提高的速度从 2.2%（李静和孟令杰，2006）到 33.4%（李录堂和薛继亮，2008），变化速度迥然不同。顾海和孟令杰（2002）研究发现，中国在 20 世纪 80 年代至 90 年代中期，农业全要素生产率的增长过程，在技术进步的推动下以类似于 U 形轨迹变动。陈卫平（2006）研究了 20 世纪 90 年代至 21 世纪初的中国农业全要素生产率的变化状况，认为技术进步是导致中国农业全要素生产率变化的主要动因，而非技术效率的改善。石慧和孟令杰（2007）指出，相对于自身的生产率增长，生产率前沿的移动可以缩小省际间全要素生产率之间的差距。章祥荪和贵斌威（2008）研究了 1978 年以后中国农业全要素生产率的变化，认为技术进步和效率改善共同促进了全要素生产率的提高。匡远凤（2012）、张乐和曹静（2013）的研究结果表明，1991~2010 年中国农业全要素生产率年均增长 5.12%，而促使全要素生产率提高的主要诱因是配置效率的变化。而关于粮食生产率的相关研究也很多，如 Rozelle 等（1997，1999）、黄季焜和马恒运（2010）通过估算狄维西亚指数得出如下结论：中国农业产量增加的主要原因是农业投入的增加，但这种增长方式是不能持续下去的，未来农业的发展还得通过全要素生产率的提高来实现。亢霞和刘秀梅（2005）的研究支持上述观点。陈卫平（2006）、闵锐（2012）则认为，技术进步是促使农业全要素生产率提高的唯一动力，技术进步动力不足和技术效率持续恶化导致全要素生产率在考察期内呈刚性下降的趋势。研究进一步指出，扩大全要素生产率增长对省级粮食产量增长的贡献份额，尤其是改善粮食生产的技术效率成为粮食实现发展方式转型的关键。

以上研究表明，实现农业可持续发展，需要突破传统农业生产过程中对要素投入的高度依赖性。全要素生产率是长期内农业增长的源泉，其贡献将超过要素投入的边际递减效应，以促进农业增长。全要素生产率通过技术进步、效率改进等优化路径，实现农业生产的效率跃升与绿色发展。

六、对现有研究的评述

在对经济增长理论进行概括的基础上，本章从全要素生产率的内涵界定、理论演变、测算方法三个方面对全要素生产率理论的历史和发展进行阐述。纵观经济增长理论的演进历程，技术进步在经济增长中的作用经历了被忽视（古典经济增长理论），到被假定为外生（新古典理论），再到被内生化（新经济增长理论），最后全要素生产率被认为是经济增长的关键原因（现代经济增长理论）。在此基础上，本章又回顾了与农业全要素生产率测算相关的文献，主要是测算对象、测算方法的归纳与总结。

现有研究运用多种方法来度量全要素生产率，最新的研究则把环境因素考虑到粮食生产全要素生产率的分析框架中。关于全要素生产率的影响因子，主要涉及制度、政策、自然和要素等。最后回顾了全要素生产率与农业增长的关系。从以上文献可知，目前对粮食生产的技术效率和全要素生产率的研究具有以下不足：

一是较少对中国粮食生产过程中所产生的环境问题进行实证分析。现有的文献从多角度考虑了资本、劳动力、机械等生产要素的投入，家庭联产承包责任制等制度因素，农产品价格等政策因素，气候变化等自然因素，劳动力投入等要素因素对中国粮食生产的技术效率和全要素生产率的影响，以及粮食产量和具体粮食作物产量等合意的期望产出。但忽略了在粮食生产过程中所必需的投入要素——环境，以及所产生的净碳源量等非期望产出。在忽略环境的情况下，所测度的技术效率和全要素生产率不能全面地反映在粮食生产过程中所带来的"好"产出和"坏"产出的两面性，导致对中国粮食生产的过去和现状缺乏全面的认识，并且不能很好地估计未来中国粮食生产的可持续发展能力。

二是对粮食生产的绿色技术效率和绿色全要素生产率以及传统技术效率和传统全要素生产率的对比分析不足。较少有对中国粮食生产的绿色技术效率和绿色全要素生产率进行相关研究。在这些少量的研究中，有些研究将杀虫剂、氮的流失与淋失作为坏的产出，有些研究将化学需氧量、总氮、总磷流失量作为坏的产出，还有研究将环境污染作为一种要素投入纳入粮食生产的技术效率和全要素生产率的测算框架中。均存在对考虑环境约束的绿色生产效率与不考虑环境约束的传统生产效率相关情况的对比分析不足的情况。进一步地，现有研究关于绿色技术效率、绿色全要素生产率的大小以及效率影响因素的方向与程度等方面与传统生产有何异同的研究也相对不足。

三是对农业碳源和碳汇作用的研究方面，主要涉及中国农业碳源和减排方面的研究较多，而对农业碳汇方面的研究相对较少，关于粮食作物的碳源和碳汇的研究相对更少。但是粮食作物作为农业的重要组成部分，其在生产过程中不仅是重要的碳排放源，也是重要的碳汇源。对二者任何一方的忽略都不能很好地评价中国粮食作物在目前的生态环境系统中的作用，不利于实现粮食生产的高质量发展。

综上所述，为了更好地提高粮食生产效率以促进粮食的高质量发展，本书对中国粮食生产的绿色全要素生产率进行探析。在已有文献的基础上，通过核算粮食生产过程中产生的碳源和碳汇，测算粮食生产过程中所产生的净碳源量，进而将环境因素纳入粮食生产函数，运用超越对数随机前沿分析法对 2001～2022 年中国粮食生产绿色全要素生产率进行研究，延伸探讨粮食生产绿色全要素生产率的提升路径，以期为提高粮食生产韧性和保障粮食安全提供参考与借鉴。

七、本章小结

　　本章在概述经济增长理论的基础上，梳理了全要素生产率的概念及测度方法，分析了与农业全要素生产率相关的文献，包括农业全要素生产率的测算对象、测算方法和约束条件下农业全要素生产率的计算，农业全要素生产率增长中的制度因素、政策因素、自然因素、要素因素，以及全要素生产率与农业增长的关系。通过对文献的梳理，提出了本书的研究问题，为本书研究奠定基础。

第三章
粮食生产的现状、政策及困境探析

一、粮食生产现状

（一）粮食生产总体趋势

作为农业大国和人口大国，新中国成立以来，尤其是改革开放以来，我国粮食生产取得了巨大成就。用占世界7%的耕地资源，6.4%的水资源以及不足国土面积10%的水土光热配比的耕地，养活了世界上22%的人口，创造了大国小农结构下实现粮食基本自给的奇迹。随着生活质量的不断提高，要满足人民对美好生活的向往，农业发展面临着艰巨任务。持续增强粮食等重要农产品的稳产保供能力，把粮食安全作为建设农业强国的头等大事。新中国成立以来我国粮食总产量在整体上呈现出波动上升的趋势。根据粮食总产量的变化趋势，可将其划分为波动上升期、超常规增长期、高低波动期和稳定发展期四个阶段。

1. 1949~1978年，波动上升期

新中国成立后，废除了封建土地所有制。在党的正确领导和战略部署

下，全国各族人民凝心聚力、攻坚克难，粮食生产取得了初步成效。根据
国家统计局相关数据可知，1949 年，全国粮食总产量为 11318.40 万
吨，面临粮食供给严重匮乏的局面。到 1978 年达到 30476.50 万吨，粮食
总产量实现年均 3.5% 的复合增长率。该阶段通过废除封建地主所有
制，确定耕者有其田的个体经济基础，通过互助组—初级社—高级社三级
跃迁，实现土地集体所有制的制度转型，极大激发了劳动积极性，有效提
高了土地生产率。通过水利工程建设，完成淮河、黄河等流域系统治
理，大大增加有效灌溉面积，开展梯田化、园田化和条田化等农田建
设，极大减少水土流失，增加了复种指数。通过农业装备革命和绿色技术
扩散，使粮食亩产实现突破。通过产权制度创新与物质技术革命的深度融
合，不仅实现粮食产量增长，更构建起现代要素投入体系与基础设施网
络，为改革开放后农业高速发展奠定制度性产能储备。

2. 1979~1990 年，超常规增长期

这是新中国成立以来粮食增长最快的时期，创下新中国成立以来的历史
峰值。粮食总产量从 1978 年的 30476.50 万吨上升到 1990 年的 44624.30 万
吨，年均增速达 3.8%。通过推行家庭联产承包责任制，实现了土地经营
权与剩余索取权的重新配置，使得劳动监督成本极大下降，形成"交够国
家的、留足集体的、剩下都是自己的"边际激励结构，农民生产决策自主
权扩大使得粮食生产的全要素生产率提升。粮食收购价格从统购统销向
"双轨制"转型，粮食收购价格大幅提升，工农产品"剪刀差"缩小，要
素相对价格变动诱导资源配置效率提升。农业基础设施存量资本激活，使
得有效灌溉面积利用率大增，杂交水稻覆盖率跃升，形成绿色革命的技术
扩散效应。在制度变迁、价格激励与技术进步的协同作用下，推动粮食总
产量实现增产，人均粮食占有量突破温饱线，扭转了粮食长期严重短缺的
局面，标志着中国农业从生存型向商品化阶段的历史性跨越。

3. 1991~2002 年，高低波动期

该阶段中国粮食生产呈现高位波动、结构调整与质量跃升的复合特征。
粮食总产量从 1991 年的 43529.30 万吨波动上升至 1998 年的 51229.53 万吨

历史峰值，随后受政策调整与市场冲击影响回落至 2002 年的 45705.75 万吨，年均增长率降至 1.2%，较上一阶段下降 68%。这一波动周期符合农业生产的蛛网模型理论：1992 年粮食市场化改革启动后，价格信号滞后引致生产调整，1995~1996 年粮食保护价政策推动产能扩张，而 1998 年后市场过剩导致价格下跌，形成典型的增产、降价、减产的循环。值得关注的是，此阶段粮食单产提升贡献率极大提高，但播种面积减少导致总产增长受限，粮食播种面积从 1991 年的 112313.60 千公顷降至 2002 年的 103890.83 千公顷，年均递减 0.7%。1993 年取消统购统销制度，实施"保量放价"政策，建立专项储备体系。市场化改革推动粮食商品率提升，种植业产值占农业总产值比重下降。2000 年农村税费改革试点启动，取消"三提五统"，减轻农民负担。税负降低诱导要素重新配置，经济作物种植面积扩大，蔬菜与水果产量年均增长率上升。2001 年加入世界贸易组织后实施农业产业结构调整战略，发展高附加值农产品，调低小麦和玉米低质品种种植面积。随着粮食生产结构多元化调整，居民的营养结构得到改善，人均每日热量摄入、蛋白质摄入量、脂肪摄入量增加，动物性食品消费结构占比上升，进而推动畜牧业产值增加。通过实施无公害食品行动计划，建立农产品质量安全标准，使居民吃得安心、吃得放心。此阶段通过粮食生产结构调整实现了三大历史性跨越：从数量增长向质量效益转型，农产品优质化率提升；从粮食安全向食物安全扩展，膳食多样性指数提高；从封闭生产向开放竞争过渡，农产品贸易依存度上升。该时期标志着中国粮食生产从单一增产导向转向多维发展目标，虽面临转型阵痛，但为 21 世纪农业现代化奠定了市场化、优质化、国际化的制度基础。

4. 2003 年至今，稳定发展期

2003~2015 年，粮食实现"十二连增"，总产量从 43069.53 万吨增加到 66060.27 万吨。2016~2020 年粮食生产的供给侧结构性改革深化，实施大豆振兴计划，粮食质量安全跃升，但生态约束凸显，农业面源污染严重。2021 年至今，粮食总产量稳定在 6.5 亿吨以上，2024 年粮食总产量达到 70650 万吨。实施"藏粮于地、藏粮于技"战略，加快建成高标准农田，智慧农业渗透率提高。2003 年以后是中国粮食安全体系从保数量向提质量、优结构、强韧性全面升级的关键时期。尽管面临资源、气候与国际市场的三重约束，但通过制度创新、技术革命与全球协同的立体化策略，中国已构建起产能基础稳固、调控机制灵活、可持续发展能力突出的新型粮食安全保障体系。未来需进一步强化科技创新核心地位，深化市场化改革与生态化转型，为全球粮食治理贡献中国方案。近年来，随着气候极端化加剧，导致粮食生产发生波动、政策工具面临边际递减与全球化风险传导加速等问题，粮食生产面临更加复杂的系统性挑战，需要通过技术创新与制度创新的双向作用，才能实现粮食的被动保供向主动可控的转型，把中国人的饭碗牢牢端在自己手里。

新中国成立以来，相对于粮食播种面积的扩大，粮食单产水平的提高是保障粮食总产量不断增加的主要因素。1949～2023 年，粮食单位面积产量由 1029.29 公斤/公顷达到 5845.33 公斤/公顷，增加了 5.68 倍，年均递增 7.67%。粮食播种面积由 109958.70 千公顷增加到 119319.10 千公顷，共增加了 8.51%，年均递增 0.12%。这不仅有效缓解了粮食消费需求扩张对耕地的压力，还为节约出耕地用于非粮作物生产创造了条件，有利于农业结构的调整与优化。

（二）人均粮食占有量变化

新中国成立以来，中国粮食生产与人口发展的时空变化特征总体上符合可持续发展要求。在粮食总产量持续攀升与人口基数不断扩大的双重背景下，全国人均粮食产量通过 70 多年的艰苦奋斗实现了质的飞跃，成功解决了十几亿人口的吃饭问题，显著提升了居民的生活质量和营养水平，粮食安全取得了举世瞩目的巨大成就。值得注意的是，这个增长曲线并非始终平稳向上，而是呈现波动性，波动趋势仍向好的趋势。在粮食安全探索初期，1962 年人均粮食产量骤降至 231.90 公斤。与之形成鲜明对比的是 2023 年创下的 492.95 公斤历史峰值，两者差距折射出中国粮食生产体系的巨大韧性。

1. 人均粮食产量实现稳定跨越（1949～1978 年）

1949 年新中国诞生之际，全国人均粮食产量仅为 208.90 公斤，1955 年首次突破 300 公斤关口，但因人口快速增长与农业生产波动，这个里程碑经历了长达 23 年的反复拉锯，直至 1978 年改革开放才实现 300 公斤大关的稳固跨越。这个时间跨度恰与我国经济从计划经济时期向市场经济转型的历史进程高度吻合，充分说明制度创新对粮食产能释放的重要作用。

2. 粮食供给能力实现质的提升（1979 年至今）

随着农业科技革命与政策红利的持续释放，中国粮食安全建设进入快车道。1996 年人均产量突破 400 公斤，标志着粮食供给能力质的提升，此时距离 300 公斤的稳定跨越仅用 18 年，较前期突破周期缩短 27.8%。这种加速度发展背后，是杂交水稻技术推广、农田水利建设、农业机械化普及和惠农政策体系完善的综合效应。特别是 2004 年以来粮食人均产量连续增产，构建起抵御国际粮价波动的战略屏障。在经历 70 载发展后，至 2018 年已跃升至 469.00 公斤，增幅达 124.51%，年均增长率为 1.80%。

纵观 70 多年的发展历程，人均粮食产量从 200 公斤到 400 公斤的跨越用了 47 年，而近 20 年持续稳定在 400 公斤以上高位运行，其中 2011～2023 年连续 13 年超过 450 公斤，这在全球人口过亿的发展大国中堪称奇迹。这种跨越式发展不仅彻底终结了"吃不饱饭"的历史困局，更为现代农业转型升级奠定了坚实基础，为全球粮食安全贡献了中国方案。当前人均近 500 公斤的粮食占有量，既包含口粮安全的根本保障，也涵盖饲料粮转化和工业用粮的结构升级，标志着中国粮食安全正从数量安全向质量安全的新维度演进。

（三）供给结构演变趋势

新中国成立以来，我国粮食生产结构经历了深刻的演变过程，呈现出鲜明的阶段性特征。下面基于 1949～2023 年粮食生产数据，系统梳理稻谷、小麦、玉米三大主粮品种的产量变迁轨迹，揭示其内在规律与发展趋势。

（1）稻谷主导阶段（1949~1990年）。新中国成立初期，稻谷作为传统优势作物，长期占据粮食生产主导地位。1949年全国稻谷产量4864.80万吨，占粮食总产量的42.98%。随着农田水利建设推进和矮秆水稻品种推广，稻谷产量持续增长，1972年达到历史峰值占比47.14%，形成"以稻为纲"的粮食生产格局。这一阶段，除1961年外，其他年份稻谷年均贡献率保持在40%以上，直到1990年小麦与玉米的合计产量首次超越稻谷，标志着粮食生产格局开始转型。

（2）结构转型阶段（1991~2010年）。20世纪90年代，随着城乡居民膳食结构升级和养殖业快速发展，粮食生产进入结构调整期。1998年玉米产量首次突破1.30亿吨，正式取代小麦成为第二大粮食品种。此阶段三大主粮呈现"一降两升"格局：稻谷占比由1990年的42.43%降至2010年的35.27%，玉米占比从21.70%升至34.12%，小麦占比稳定在20%左右。市场需求的牵引作用显著增强，玉米深加工产业兴起推动生产格局重塑。

（3）玉米主导阶段（2011年至今）。2011年具有里程碑意义，玉米产量达21131.60万吨，首次超越稻谷成为第一大粮食作物。2023年三大主粮产量分别为玉米的产量是28884.23万吨、稻谷的产量是20660.32万吨、小麦的产量是13659.01万吨。玉米产量分别高出稻谷和小麦产量39.81%和111.47%。这一时期玉米对粮食增产的贡献率持续攀升，形成"玉米主导、稻麦并重"的新格局。

不同于稻谷、小麦和玉米三大主粮的发展趋势，从新中国成立初期到20世纪60年代初，我国薯类产量及其占粮食总产量的比重呈现在波动中提高的趋势。1962年薯类总产量达2344.90万吨，占粮食总产量比重提升。这在很大程度上反映了当时在温饱问题尚未有效解决的背景下，居民粮食消费需求主要是解决温饱问题。当时薯类单产明显高于玉米，特别是小麦单产，从而导致薯类消费对解决吃饱饭问题有重要作用密切相关。到20世纪70年代末，薯类产量呈现在波动中趋于上升或徘徊的状态。但自2006年开始，薯类产量在降低到2701.26万吨之后呈现在徘徊中少量增长的状态。在经历了20世纪60年代初期到70年代末期的徘徊后，薯类产量占粮食总产量的比重基本上呈现在波动中降低的趋势。2023年，全国薯类产量仅占粮食总产量的4.33%。薯类生产的趋势折射出粮食安全战略的升级路径。在主要解决温饱阶段，其高生物产量特性满足能量供给需求；在粮食数量安全阶段，主粮增产削弱其战略地位；在粮食质量安全阶段，消费升级加速其功能转型。值得注意的是，当前薯类加工转化率不足，远低于发达国家水平，品种改良滞后与产业链延伸不足制约其价值提升。

自1991年建立豆类统计体系以来，大豆始终占据豆类产量主体地位，2023年占比达87.42%。但大豆单产水平长期停滞，远低于世界平均水平，由此导致产量占比一直处于低水平。此外，豆类生产面临供需失衡加剧的现状，大豆自给率较低，进口依存度较高，形成产量低位徘徊、需求刚性增长、进口持续扩大的恶性循环。豆类发展困境主要由于以下原因：一是品种选育滞后导致单产提升缓慢，现有品种产量潜力低；二是种植效益低下，亩均收益远低于玉米；三是生产规模碎片化，户均种植面积小，难以形成规模经济。更深层次矛盾在于产业定位偏差，长期将大豆归类为粮食作物而非油料作物，政策支持力度不足。

粮食生产形成以上格局的主要原因：一是稻谷、小麦是我国主要口粮品种，近年来我国口粮消费基本呈现稳中略降的态势；二是作为饲料之王的玉米，其口粮比例相对较低。我国粮食需求的增长主要表现为饲料粮的快速增长。我国在继续保障人民吃得饱的同时，日益把解决吃得好问题作为推进粮食安全的新增长点。一大批品质好、口感佳、绿色化以及品牌影响力强的粮食品种脱颖而出，并迅速扩大播种面积和产量，在粮食增产和农民增收中的地位日益凸显。同时，致力于培育发展绿色、有机粮食品牌的龙头企业和优势粮食产区迅速成长，在质量兴粮、绿色兴粮和品牌强农过程中具有带头示范作用。

（四）品种结构变迁特征

1. 生产重心北移

中国粮食生产中心的空间重构呈现出显著的"北移"趋势，东北平原与黄淮海地区逐步取代传统南方产区成为国家粮仓核心承载区，形成"北粮南运"的跨区域供给格局。这一变迁是多重因素交织的结果：气候变暖使东北积温带北扩 300 千米，水稻种植纬度突破北纬 50°；黄淮海平原通过节水灌溉技术升级，复种指数提升至 1.8；而南方因工业化挤占耕地，水稻播种面积缩减。国家主产区建设战略进一步强化北移态势——东北黑土地保护工程与华北地下水超采区实施休耕轮作，推动北方单产增速较南方快。此外，中国玉米生产布局的战略性重构，以黄淮海平原灌溉玉米带与东北黑土黄金玉米带的形成为核心特征，深刻重塑了全国粮食产能地理格局。中国玉米产能的持续攀升与东北平原、华北平原两大核心产区战略地位的巩固呈现显著正相关。这一结构性变迁源于三重动力：其一，自然禀赋优势的深度激活，东北黑土区土壤有机质含量高，配合积温带北移带来的生长期延长，使单产水平提高；华北平原依托黄淮海地下水灌溉系统，实现高复种指数下的高效产出。其二，政策导向的精准发力，2015 年"镰刀弯"地区玉米调减政策实施后，非优势产区减少大量播种面积，资源要素向核心产区集中。其三，规模化经营与技术集成的协同效应，东北农垦系统大田机械化率极高，显著高于全国平均水平。这种产区极化现象虽强化了国家粮食安全保障能力，但也加剧了资源环境压力——东北黑土区耕层厚度逐年减少，华北地下水超采区面积增加，亟待通过保护性耕作技术推广与水资源刚性约束制度创新实现可持续发展。黄淮海平原玉米带和东北黄金玉米带的形成，使北方玉米产量占比提升。这种空间重构既得益于育种技术进步，也得益于农业机械化推进和规模化经营。未来需要通过保护性耕作技术推广与水、粮和生态协同管理，构建更具韧性的北方粮仓系统。未来需要进一步推广保护性耕作技术，促进水资源农业与生态的协同管理，构建更具韧性的北方粮仓系统。

2. 市场导向显著

2004 年粮食流通体制改革后，市场价格信号对种植结构的调节作用日益增强。玉米临时收储政策使得东北地区种植面积快速扩张，2015 年玉米播种面积达 44968.39 千公顷的历史峰值。随着供给侧结构性改革推进，生产布局正朝着供需平衡方向优化。

中国粮食生产布局的深度调整与政策调控形成显著互动。2004 年粮食流通市场化改革全面实施后，价格信号传导机制逐步完善，2008 年启动的玉米临时收储政策触发强烈市场响应：东北地区玉米播种面积剧增，全国玉米总产量同期实现"十二连增"，2015 年达到历史峰值。这种政策性扩张导致结构性失衡加剧，2016 年玉米库存消费比偏高，财政库存成本较高。随着 2015 年"镰刀弯"地区调减政策出台，生产布局开启战略重构。东北冷凉区、北方农牧交错带等非优势产区调减玉米面积，改种青贮玉米、大豆等作物；黄淮海优势产区通过"粮改饲"试点提升饲料玉米比重，形成专用化生产格局。在供给侧结构性改革推动下，全国玉米播种面积从峰值回落，库存消费比优化，市场定价机制贡献度提升。当前生产布局呈现以下特征：优势产区集聚化、品种结构专用化以及产业链条协同化，标志着粮食生产进入供需动态平衡新阶段。

3. 区域贡献特征

21 世纪以来，我国粮食生产体系逐步形成了具有显著地域特征的作物专业化生产格局，这一现象深刻反映了农业资源禀赋的空间异质性与市场经济比较优势原则的协同作用机制。在农业地理学视角下，不同农业生态区的自然条件差异与生产要素配置效率，共同塑造了各具特色的粮食生产地域分工体系。

东北松嫩平原、三江平原作为温带季风气候区的典型代表，其独特的农业生态条件为玉米规模化生产提供了天然优势。该区域黑土资源广布，土层深厚且有机质含量丰富，配合有效积温的热量条件与降水分布特征，充分满足玉米全生育期的光热水土需求。这种资源组合优势使该区域逐步发展成为我国最大的玉米专业化生产基地，其生产潜力持续释放对保障国家粮食安全具有重要战略意义。黄淮海平原作为冬小麦和夏玉米轮作制度的核心区域，其农业生态系统的独特属性则表现出对小麦生产的显著适配性。该区域属暖温带半湿润气候，年平均气温在 12~15℃，无霜期达180~220 天，配合完善的农田水利设施与深厚潮土资源，形成了冬小麦越冬期低温需求与生育期水分供给的时空匹配优势。这种资源禀赋特征不仅确保了小麦生产的稳定性，更通过规模化经营形成了显著的技术效率优势。长江中下游地区作为传统稻作农业的发源地，其农业生态系统与水稻种植形成了高度协同的共生关系。亚热带季风气候带来的充沛降水和充足积温，配合冲积平原特有水稻土，构成了水稻生长发育的天然理想环境。更为重要的是，千百年稻作文化积淀形成的精耕细作传统与现代农业技术深度融合，使该区域持续保持着水稻生产的技术领先地位。这种空间分异的作物布局结构，本质上反映了农业生产要素的优化配置过程。根据要素禀赋理论，各区域在土地、气候、水资源等不可移动要素方面存在的先天差异，决定了其适宜发展的作物类型。同时，在市场经济条件下，劳动、资本、技术等可流动要素基于边际报酬差异进行跨区域配置，进一步强化了区域专业化生产的比较优势。这种自然基础与市场机制的交互作用，推动形成了具有中国特色的农业地域分工体系，在提升农业生产效率的同时，也促进了区域农业经济的协调发展。

（五）小结

综上所述，新中国成立以来我国粮食生产结构的变化呈现如下特点：一是粮食作物总播种面积总体上趋于下降，其中以水稻面积降幅最大，而玉米面积则逐渐上升；二是粮食生产的技术水平显著提高，其中单产总体上呈现不断增长趋势；三是在种植面积和单产的综合作用下，粮食总产表现出周期性波动特征，面临的粮食安全问题依然严峻；四是粮食生产的品种结构趋向优质化、多样化。随着人民生活水平的提高，人们对粮食品质的要求越来越高，优质品需求剧增，推动了我国粮食质量结构的提升。

家庭联产承包责任制释放的生产潜力，最低收购价政策保障的种植收益，农机购置补贴推动的技术进步，共同构建了结构变迁的制度基础。特别是2004年以来的农业补贴政策体系，显著影响了农户的品种选择。矮化育种、杂交技术、免耕直播等技术创新大幅提升单产水平。玉米生产品种的突破使种植密度提高，稻麦全程机械化率显著提升，以上生产技术的突破重塑了生产可能性边界。畜产品消费增长带动饲料需求激增，深加工产业发展拓展玉米用途，口粮消费升级促进优质稻麦生产。市场需求结构变化通过价格传导机制，持续引导种植结构调整。水资源短缺推动华北地区压缩小麦种植，黑土地保护促使东北调整耕作制度，气候变化导致的积温带北移扩大了玉米适种区域。这些环境因素与生产结构形成动态耦合。当前，我国粮食生产正面临需求结构升级、资源约束趋紧、国际竞争加剧等多重挑战。未来需在确保口粮绝对安全的前提下，深化供给侧结构性改革，构建与市场需求相匹配、与资源环境相协调的现代粮食生产体系。重点要加强三大主粮产能协同提升，优化区域布局和品种结构，强化科技支撑和产业融合，推动粮食生产向高质量发展转型。

二、粮食生产政策

（一）政策演化逻辑

中国粮食安全政策的演进历程深刻反映了党和政府在不同历史时期对国家粮食安全形势的战略判断，也生动展现了政策体系与经济社会发展需求的动态适配过程。从"民以食为天"的传统文化根基到"人多地少"的客观资源约束，从计划经济体制下的统购统销到市场经济条件下的宏观调控，中国始终秉持"以我为主、立足国内"的政策理念，在保障粮食安全、提升供给效率、促进农民增收等多重目标间构建动态平衡机制，形成了具有中国特色的粮食治理体系。

1. 以人民利益为中心的本质属性

纵观政策变迁轨迹，始终贯穿着"以人民为中心"的价值主轴。从解决温饱到全面小康，从数量安全到营养健康，政策内涵随着人民需求升级而持续丰富。利益调整机制呈现渐进式特征：通过价格形成机制改革平衡生产者与消费者利益，通过补贴政策调整协调主产区与主销区关系，通过产业融合发展促进小农户与现代农业有机衔接。这种具有中国特色的政策演进逻辑，既遵循市场经济规律，又进一步彰显社会主义制度优势，为全球粮食治理贡献了东方智慧。

2. 逐步市场化的基本演进路径

中国粮食流通体制的变革历程深刻反映了国家经济体制转型的历史轨迹。1949~1978 年，我国实行严格的统购统销制度，政府作为市场唯一主体，集收购、定价、分配于一体，形成粮食流通体系。这种计划管理模式虽然保障了城市粮食供给，却严重制约了农业生产效率，导致资源配置失衡。改革开放后，粮食政策迎来历史性转折。1978 年推行的双轨制改革，在保留统购任务基础上开放集市贸易，首次引入市场调节机制。农民在完成国家征购任务后，可将余粮通过集市自由流通，价格随行就市。这种渐进式改革既维护了粮食安全底线，又释放了市场活力。

20 世纪 90 年代的改革进程呈现螺旋式上升特征。1993 年国务院实施的"保量放价"政策试图突破双轨制束缚，但因配套措施不足导致市场剧烈波动，次年被迫回调管控力度。但这一时期的重要突破在于建立中央与地方分级储备体系，1994 年推行的省长负责制将粮食安全责任分解到省级行政单位，为后续市场化改革奠定了制度基础。

21 世纪以来，粮食流通体制改革进入深度市场化阶段。2001 年加入WTO 加速了政策调整进程，2004 年全面取消农业税并实施直接补贴政策，标志着政策导向从"取"向"予"的根本转变。2005 年粮食购销市场全面放开，形成以市场定价为主体、宏观调控为补充的新型流通体系。这一时期的市场化改革成效显著，粮食产量实现连增，市场化收购比例显著提升。

与流通体制改革同步推进的是粮食储备体系的现代化转型。1986 年实施的粮食调拨包干制度打破中央统管格局，赋予地方更大自主权。1993 年国务院取消省际计划调拨，改为市场交易模式，推动全国统一粮食市场形成。2014 年建立的中央与地方储备协同机制，通过"市场定价、价补分离"原则，构建起分层响应、动态调节的现代储备体系，粮食应急保障能力显著提升。

40 多年改革历程揭示出清晰的演进逻辑：从完全计划管控到双轨制度，最终走向深度市场化。这种转变不仅体现为经营主体的多元化，更反映在价格形成机制的根本变革。当前形成的市场主导、政府调控新型粮食流通体制，既保持了 95% 以上的粮食自给率，又实现了全要素生产率增长，为全球粮食治理提供了中国方案。未来改革仍需在完善市场体系、创新调控手段、提升产业链韧性等方面持续深化，以应对全球化背景下的新挑战。

3. 平衡经济主体利益是政策变迁的最大动力

中国粮食政策变革的深层逻辑，本质上是构建跨区域利益补偿机制的制度创新过程。这种利益协调机制在中央与地方、产区与销区的多维博弈中持续演进，形成了具有中国特色的纵向补偿与横向平衡的政策体系。计划经济时期的统购统销制度，实际上建立了产区补贴销区的单方向利益输送模式。这种不可持续的利益失衡倒逼改革，1979 年建立的超购加价制度首次引入价格补偿机制，使主产区小麦收购价提升，推动黄淮海平原粮食商品率提高。市场化转型期的利益补偿机制创新，突出表现为纵向分级补偿与横向市场调节的有机结合。1994 年实施的米袋子省长负责制，通过建立中央与地方两级储备体系，将全国的粮食安全责任分解到 31 个省级行政单元。主产区吉林通过玉米专项储备获得中央财政直补，而主销区广东则建立地方储备调节基金，形成纵向补偿框架。同时，1997 年启动的省际粮食购销协作机制，推动苏浙沪与黑吉辽建立粮食走廊，通过市场化协议实现产区的横向补偿。这种制度设计确保主产区农民人均种粮收入增加，而销区消费者食品支出占比稳定。

21 世纪的政策突破在于构建市场补偿和财政托底的复合型机制。2004 年建立的产粮大县奖励制度，通过中央财政对主产县实施定向转移支付。2016 年推广的玉米生产者补贴制度，既保障了种植户亩均收益，又通过销区消费价格完全市场化实现利益再平衡。更具创新性的是 2020 年试点的跨省粮食产销合作基金，由长三角、珠三角等主销区按年度粮食调入量计提补偿金，专项用于支持黄淮海、东北主产区农田建设。这种动态演进的补偿机制，在空间维度上重构了粮食产销利益格局。实现了产区不亏、销区不慌的政策目标。

当前构建的中央统筹、省际协同与市场主导的补偿体系，创造性地解决了粮食安全的外部性难题。通过纵向财政转移支付覆盖粮食生产的正外部性成本，运用横向市场机制实现产销区的利益共享，借助"价补分离"政策阻断价格扭曲传导。这种制度安排使我国粮食产销区间的利益补偿规模增加，补偿效率提升，为有利于实现跨区域利益协调机制。未来改革需要进一步在生态补偿量化等方向深化机制创新，推动粮食安全向更高质量的可持续发展演进。

4. 服务国家发展战略是政策调整的基本原则

中国粮食政策体系的演进历程，深刻反映了国家发展战略与经济社会转型的互动关系。在计划经济时期，为支撑社会主义工业化建设，粮食政策承担着双重使命：既要通过农业剩余转移为工业发展积累资本，又要保障城市居民基本生活需求。1953 年实施的统购统销制度成为核心政策工具，政府以行政手段统一收购粮食，通过定量供应确保城镇居民口粮。在这种以农补工的政策框架下，工业总产值快速增长，但城乡收入差距扩大。

改革开放初期，政策重心转向激发市场活力。家庭联产承包责任制的推行使粮食产量实现突破性增长。随着 1985 年取消统购改为合同定购，市场化改革迈出关键步伐。此时城镇居民食品支出占比和粮食消费弹性系数下降，标志着粮食安全从绝对短缺转向结构性矛盾。1990 年专项粮食储备制度建立，首次构建起现代粮食储备体系框架。

市场化深化阶段，政策体系面临多重挑战。1993 年粮价放开后，1994 年通胀率上升，因此提出实施粮食省长负责制。1998 年推进"四分开一完善"改革，将国有粮食企业经营性业务与政策性业务分离，以完善粮食价格机制。2004 年政策体系迎来重大转折：全面取消农业税，建立粮食最低收购价制度。以上措施推动粮食生产实现连增，但财政负担持续加重。

新时代政策创新聚焦效率与公平的再平衡。面对收储库存带来的财政压力，2016 年启动玉米收储制度改革，将临时收储政策调整为市场化收购和生产者补贴。针对新型城镇化带来的需求变化，政策着力构建优质优价市场机制，优质专用小麦占比提高。同时，运用物联网技术的智能粮库覆盖率极大提升，粮食损耗率较传统储粮方式有所下降。

中国粮食产业政策的制定与调整始终与国家战略保持同频共振，通过动态分配利益格局、创新制度工具、统筹多重目标，实现战略意图向政策效能的转化。在国家工业化起步期，政策聚焦以农补工，通过统购统销实现农业剩余向工业转移，确保重工业优先发展战略；在市场化转型期转向激活市场，以家庭联产承包制释放生产力，运用价格双轨制平衡计划与市场关系；进入高质量发展阶段更加突出提质增效，通过供给侧结构性改革优化品种结构，借助数字技术推动全产业链升级，响应乡村振兴与双碳战略的复合需求。

（二）政策演进路径

新中国成立以来，党和政府根据不同历史阶段的国情粮情制定差异化政策保障粮食安全。纵观新中国成立以来，我国粮食产业政策主要经历了初期短暂的粮食自由购销时期、粮食统购统销时期、粮食双轨制时期、市场化改革时期、粮食支持保护政策时期以及粮食安全系统巩固时期。

1. 粮食自由购销时期（1949～1952 年）

新中国成立初期，我国粮食生产因受长期战乱的影响，生产能力遭到严重影响。面对初期粮食供需失衡与市场剧烈波动，新生政权采取"生产恢复"与"市场调控"双轨并行的治理策略。在迅速推进土地改革激发生产潜能的同时，政府通过系列制度设计强化粮食统筹能力。1950 年出台的《关于统一国家财政经济工作的决定》和《关于统一国家公粮收支、保管、调度的决定》，明确公粮除地方附加外全额上缴中央统配，并建立中央、大区、省三级粮食管理机构网络，同年 10 月升格组建粮食管理总局，

1952 年更成立专业化的粮食部，形成垂直管理体系。这套制度创新使国家粮食征购量跃升，有效强化了战略物资的中央调控能力。该阶段在保持市场流通机制前提下，通过国营商业主导构建计划引导和市场调节的混合型粮食流通体制。既维持粮商合法经营空间以保障市场活力，又借助公粮统配体系平抑价格波动，实现粮食产量年增长的经济奇迹。这种渐进式的制度过渡为后续统购统销政策实施积累了管理经验，同时保留了商品经济要素对农业生产的正向激励，为稳定粮食局势奠定了坚实的物质基础。

2. 粮食统购统销时期（1953~1977 年）

随着国家大规模开展社会主义经济建设，粮食供需矛盾日益凸显，粮食购销逆差不断扩大，市场供求关系持续紧张。在此背景下，中共中央审时度势，于 1953 年 10 月召开政治局扩大会议专题研究粮食问题，正式确立统购统销制度体系。该制度体系包含三大核心机制：一是对农村余粮户实施计划收购，确保国家掌握粮源；二是对城市居民和农村缺粮户实行计划供应，建立定量配给制度；三是严格管理粮食市场，通过工商业改造消除私营粮商经营空间。为强化政策执行，中央先后出台《关于实行粮食的计划收购与计划供应的决议》（1953 年）、《农村粮食统购统销暂行办法》（1955 年）等一系列文件，构建起定产、定购、定销制度框架，并在城镇地区全面推行粮票制度。1970 年的国务院机构改革中，合并商业部、粮食部等 4 部门成立新的商业部，进一步强化粮食统购统销的垂直管理体系。这项持续 26 年的特殊制度安排，在特定历史时期发挥了关键作用：不仅使国家粮食购销逆差转为顺差，保障了重点工程顺利实施，加速了社会主义计划经济体制的确立。

3. 粮食双轨制时期（1978~1993 年）

第一阶段：计划主导型双轨制探索（1978~1984 年）。以党的十一届三中全会为起点，国家启动农业市场化改革探索。1978 年 12 月《关于加快农业发展若干问题的规定（草案）》确立调减统购基数、提高统购价格的政策组合，将粮食统购价上调并减少征购量。1982 年国务院实施粮食征购包干制度，允许基层单位自主处置超产粮食，当年市场调节粮比重上升。至 1986 年粮食调拨包干政策全面推行，计划外的粮食流通的占比提高，标志着统购统销体制出现结构性松动。此阶段通过渐进式的制度调整，在保持计划主渠道的同时培育市场要素，为双轨制形成奠定基础。

第二阶段：计划与市场并重双轨制确立（1985~1990 年）。1985 年的中央一号文件实施合同定购、市场收购双轨并行机制，将统购品种缩减，定购量压减。1987 年政策固化使双轨制成为长期制度安排，市场粮的交易量年均增长。但生产资料价格上涨导致粮食种植收益下降，引发 1989 年国家将定购价提升，并建立专项储备应对市场波动。该阶段通过价格调整机制和储备制度建设，初步构建起保供稳价的政策体系，1985~1990 年粮食商品率提升，市场配置效能逐步显现。

第三阶段：市场主导型双轨制转型（1991~1993 年）。针对购销价格倒挂引发的财政危机，国务院实施价格并轨改革：1991 年统销价提升，1992 年实现购销同价。1993 年"保量放价"政策终结价格双轨制，定购价改按市场基准浮动。配套市场体系建设同步推进，1993 年底全国建成区域性批发市场多个、期货交易所数家，非国有粮食经营者占比上升。此阶段通过制度性创新完成从计划体制向市场机制的平稳过渡，1991~1993 年粮食市场化率提高，为 1994 年全面市场化改革铺平道路。

双轨制作为特殊历史时期的制度创新，通过计划保底线、市场增活力的渐进路径，实现了粮食安全与市场效率的动态平衡。其创造的弹性调控机制和过渡转型经验，为发展中国家粮食体制改革提供了重要范式参考。这轮改革具有承前启后的历史意义。在坚持公有制基础上，通过价格信号引导和市场准入松绑，既维护了粮食安全底线，又培育了市场要素生长空间。其创造的"保量放价"双轨并行等制度经验，为此后粮食流通体制全面市场化改革提供了实践范本，标志着中国特色社会主义粮食经济治理模式的初步探索。

4. 粮食市场化改革时期（1994~2003 年）

1993 年下半年，受货币政策与粮源短缺叠加影响，国内粮价呈现快速上涨态势。为稳定市场秩序，政府重新启动粮食价格双轨制调控机制，通过强化市场管制平抑价格波动。1994年国务院颁布《关于深化粮食购销体制改革的通知》，通过提升定购价格和实施保量配额政策，构建起"保量放价"的过渡性制度。次年中央农村工作会议进一步确立双轨并行的收购体系，在坚持国家定购任务的同时建立市场调节机制，同步推行省级粮食安全责任制，形成了分级调控的治理架构。随着粮食产量在1996年突破万亿斤大关，我国粮食首次面临结构性过剩问题。1998年党的十五届三中全会正式确认粮食供需进入"紧平衡"新常态，政策重心转向供给侧改革。政府通过保护价收购、顺价销售、资金封闭运行以及企业改制和"四分开一完善"原则，系统推进流通体系市场化转型。

该时期的制度创新实现了三大突破：一是建立了市场机制与政府调控的耦合框架；二是在保障粮食安全前提下释放市场活力；三是在中央统筹下形成分级治理体系。但存在政策工具滞后于市场变化、财政负担过重、国有企业改革滞后等制度瓶颈。这段摸着石头过河的探索历程，既积累了市场化改革的宝贵经验，也表明粮食安全治理的长期复杂性。

5. 粮食支持保护政策完善时期（2004~2013年）

1998~2003年粮食生产遭遇历史性调整，受价格下行与种植面积缩减双重冲击，全国粮食播种大面积减少，总产量锐减，粮食安全面临新挑战。这一阶段的政策重心转向构建现代粮食支持保护体系，通过制度创新实现"保供给"和"促增收"的双重目标。2004年全面放开收购市场标志着改革进入新阶段，其间构建的政策工具箱包含：中央储备与地方储备协同的收储体系、价格支持制度、风险基金保障机制以及粮食安全省长责任制。启动以多予、少取、放活为方针的税制改革，分步取消农业税及附加税费，2006年全面废止延续了2000多年的农业税制，直接减轻农民负担年均1300亿元以上。2004年确立稻麦最低收购价制度，2007年玉米、大豆等品种实施临时收储政策，形成市场定价与政府托底相结合的价格支持体系，政策执行区域从主产区逐步向全国延伸。2005年建立产粮大县财政奖励制度，按粮食商品量、产量、播种面积实施梯度奖励。2008年启动《新增千亿斤粮食产能规划》，中央财政专项投入增加，构建起中央统筹、省级落实和县级实施的产能建设体系。通过减税负、增补贴、稳价格、强激励，2004~2008年实现粮食产量五连增。

该时期的粮食政策体系创新带来三大转变：从索取型向反哺型的治理方式转型，从单一价格管制向复合型支持升级，从注重产量向统筹产能建设演进，为现代农业政策体系奠定制度基础。

6. 粮食安全系统性巩固时期（2014年至今）

近年来，中国粮食安全政策围绕"保供稳链"和"提质增效"主线展开系统性变革。面对国内产量、进口、库存同步攀升的结构性矛盾与国际地缘政治、气候变化的双重压力，粮食安全政策以市场化改革为突破口。2016年的中央一号文件提出对重要农产品价格形成机制及收储制度进行完善。取消玉米的临时收储制度，建立"市场定价、价补分离"的价格形成机制，推动农产品价格市场化程度提升。实施供给侧结构性改革，调减"镰刀弯"地区玉米种植面积，扩大优质专用粮种植，大豆自给率回升。强化科技赋能，推进高标准农田建设。目前粮食安全政策成效显著，粮食总产连续10年稳定在6.5亿吨以上，财政补贴占比下降，形成政府储备与企业储备的多元调控体系。但耕地非粮化、地下水超采等导致的资源约束与大豆等较高的进口依存度所导致的外部风险仍存，未来需要进一步深化生物育种创新、全产业链升级及全球粮食治理合作，构建更可持续的粮食安全新格局。

三、粮食生产困境

（一）自然灾害威胁

我国粮食生产面临的自然灾害威胁日益严峻。全球气候变化导致极端天气事件频发，如干旱、洪涝、台风和寒潮等，这些灾害对粮食生产造成了严重影响。根据国家统计局数据，如图3-1所示，我国粮食生产面临的自然灾害威胁依然严峻。

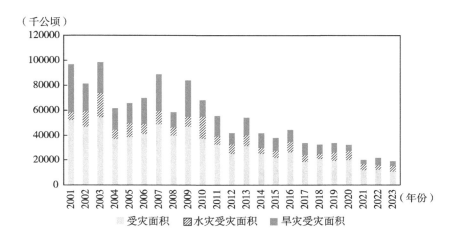

（千公顷）

图3-1　2001～2023年全国农业受灾面积

资料来源：https：//data. stats. gov. cn/easyquery. htm？cn＝C01。

2001～2023年，从受灾面积数据来看，虽然受灾面积总体呈现波动下降的趋势，但每年仍有较大面积的农田受到自然灾害的影响。2013年受灾面积为52210千公顷，占农作物总播种面积的33.54%，而到2023年受灾面积下降至10539千公顷，占播种面积的6.14%，表明我国在防灾减灾方面取得了一定成效。然而，受灾面积的绝对值仍然较大，尤其是在2016年和2018年，受灾面积分别为26220千公顷和20814千公顷，占播种面积的比重分别为15.71%和12.55%，说明自然灾害对粮食生产的影响依然不可忽视。旱灾是影响我国粮食生产的主要自然灾害之一，旱灾面积在受灾面积中的比重较大。干旱是威胁中国粮食生产的主要自然灾害。干旱最直接的影响是导致作物缺水，影响其正常生长和发育；长期干旱则会导致土壤水分严重不足，土壤结构变得紧实，透气性和保水能力下降，进而影响作物的根系发育和养分吸收。在灌溉条件较差的地区，干旱进一步加剧土壤盐碱化问题，土壤中的盐分随水分蒸发而积聚在表层，导致土壤肥力下降，作物难以正常生长。这些都将会严重影响我国农业生产的可持续性。近年来旱灾面积有所减少，但 2022 年旱灾面积再次上升至 6090 千公顷，占受灾面积的 50.44%，表明旱灾仍然是粮食生产的主要威胁，尤其是在北方水资源匮乏的地区，旱灾对粮食生产的影响尤为严重。

此外，洪涝、台风和病虫害等自然灾害也对粮食生产构成了威胁，极端天气事件频发进一步加剧了粮食生产的风险。未来，我国需要进一步加强农业基础设施建设，提升抗灾减灾能力，推广抗旱作物品种，完善农业保险机制，以减少自然灾害对粮食生产的影响，确保国家粮食安全。

（二）品种结构有待优化

我国粮食品种结构性矛盾主要表现为粮食供需的总量平衡、结构性短缺的特征。从品种结构来看，玉米、大豆等饲料粮进口依存度持续偏高。根据国家统计局数据可知，2023 年大豆进口量达 98618 万吨，占国内消费量的 80% 以上，玉米进口量也突破 2000 万吨。小麦、稻谷等口粮品种虽然保持基本自给，但优质专用品种供给不足，如强筋小麦自给率不足，粳米市场存在约缺口。从种植结构来看，受比较效益驱动，近年来，玉米播种面积占比上升，大豆面积却显著下降，杂粮杂豆种植面积萎缩现象严重，导致饲料粮供应过度依赖国际市场。这种结构性矛盾与居民食物消费升级需求形成反差。随着收入水平的提高，居民人均口粮消费下降，但优质蛋白和杂粮需求快速增长，进一步凸显品种结构调整滞后于市场变化的问题。总的来看，我国既是世界第一大粮食生产国同时也是世界第一大粮食进口国，饲料和高品质粮食主要依靠进口。当前我国正通过农业供给侧结构性改革推动品种优化，优质专用小麦种植比例已有所提升，高蛋白大豆品种覆盖率有了进一步突破，但破解结构性矛盾仍需在品种研发、种植补贴和收储政策等方面形成协同机制。

（三）区域布局不合理

我国粮食生产的区域布局存在明显的不合理现象，主要表现为主产区和主销区过于分离，这导致主产区的资源压力过大，而其他地区的粮食生产潜力未能得到充分开发。这种不合理的区域布局不仅影响了粮食生产的可持续性，还对生态环境和粮食市场的稳定性构成了潜在威胁。

1. 东北地区作为重要的粮食生产基地，承担了全国大部分的玉米、大豆和水稻生产任务

东北地区土地肥沃，气候适宜，具备得天独厚的农业生产条件。然而，长期的高强度种植导致土壤肥力下降，生态环境压力增大，尤其是水资源过度开发问题日益突出。东北地区的粮食生产高度依赖地下水灌溉，过度开采导致地下水位持续下降，部分地区甚至出现了严重的地面沉降问题。

2. 西部地区和南方部分地区的粮食生产潜力未能得到充分开发

西部地区虽然土地资源丰富，但由于气候干旱、水资源匮乏，粮食生产条件相对较差。尽管国家通过"西部大开发"战略加大了对西部地区的农业基础设施投入，但粮食生产的整体水平仍然较低。南方部分地区，尤其是西南地区的山地和丘陵地带，虽然具备一定的粮食生产条件，但由于基础设施薄弱、技术水平较低，粮食产量相对较低。这些地区的粮食生产潜力未能得到充分发挥，导致全国粮食生产的区域布局不平衡。

3. 区域间的粮食生产结构也存在不平衡问题

部分地区过度依赖单一作物种植，导致粮食生产的抗风险能力较弱。东北地区过度依赖玉米种植，而南方部分地区则过度依赖水稻种植。这种单一化的种植结构不仅增加了粮食生产的风险，还影响了粮食市场的稳定性。一旦某种作物因自然灾害或市场价格波动而减产，整个地区的粮食生产将受到严重影响。同时，粮食生产的区域布局不合理还导致了粮食流通成本的增加。由于粮食生产过度集中在少数地区，粮食从产区到销区的运输距离较长，物流成本较高，进一步加剧了粮食市场的波动性。

（四）技术适配性不足

随着农业数字化的发展，信息化技术与农业生产耦合发展的智慧农业成为现代农业转型升级和高质量发展的强大驱动力。近年来，我国智慧农业在各级政府的大力推动下，迎来了前所未有的发展机遇。国家相继出台了一系列政策文件，为智慧农业的快速发展提供了强有力的政策保障和方向指引。2022 年 10 部门联合发布《数字乡村发展行动计划（2022—2025年）》，部署了智慧农业创新发展行动等 8 个方面重点行动，提出到 2025年，数字乡村发展要取得重要进展。2022 年国务院印发《"十四五"数字经济发展规划》，强调要大力提升农业数字化水平，创新发展智慧农业，着力提升农业生产、加工乃至销售各环节的数字化水平；2023 年农业农村部办公厅印发《农业"火花技术"发现、评估与培育实施办法（暂行）》，鼓励和支持培育以及推广对农业生产和产业发展产生积极影响的农业科技成果；2024 年和 2025 年，农业农村部又相继颁布《全国智慧农业行动计划（2024—2028 年）》和《关于大力发展智慧农业的指导意见》，聚焦智慧农业发展中的关键环节和重要节点，着力提升智慧农业公共服务能力，实现智慧农业全面发展。以上政策的出台在研究智慧农业发展趋势和面临的重大问题的基础上，提出了健全技术、服务和金融等多样化的政策支持体系，有利于加快推动智慧农业全面发展，有力支撑农业现代化建设。

但与发达国家相比，我国智慧农业的应用滞后问题仍较为突出，尽管近年来农业科技取得了显著进步，但智慧农业的普及率和应用深度仍然不足，未能充分发挥其在提升农业生产效率、降低成本和减少资源浪费等方面的潜力。目前我国智慧农业的应用主要集中在少数大型农业企业和示范园区，广大中小农户由于资金、技术和管理能力的限制，难以广泛应用这些先进技术。许多农户仍然依赖传统的种植方式，缺乏对智慧农业技术的了解和掌握，导致农业生产效率提升有限。此外，智慧农业的基础设施建设也相对滞后，农村地区的网络覆盖率和信息化水平有了进一步的提高，但智慧农业技术的推广和应用还需要持续提升乡村数字化治理效能。尽管国家出台了上述一系列政策支持智慧农业的发展，但由于技术推广体系不完善、农民培训不足等问题，智慧农业的应用效果尚未完全显现。未来，我国需要持续加大对智慧农业的投入，完善农村信息化基础设施，加强农民的技术培训，推动智慧农业技术的广泛应用，从而提升农业生产的现代化水平，确保粮食生产的可持续性和高效性。

（五）劳动力结构性矛盾突出

我国农业劳动力结构性矛盾呈现深度演进态势，形成老龄化、低素质以及技术脱节的三重约束链条。根据《中国数字乡村发展报告（2024年）》和《2023年农民工监测调查报告》可知，农村人口结构正经历历史性转变。2023年全国农民工总量达29753万人，比上年增长0.6%。50岁以上农业从业者占比攀升至30.6%，本地农民工平均年龄46.6岁。随着劳动力的转移，农村劳动力的代际结构性失衡导致农业生产呈现明显的老龄化特征。此外，农村劳动力的年龄断层与受教育水平断层形成复合效应，农村劳动力中初中及以下文化程度占比高，大专及以上学历的农业从业者人数较少，人力资本积累不足进一步制约了现代农业技术的推广和应用水平。

《中国数字乡村发展报告（2022年）》数据显示，2021年全国数字乡村发展水平达到39.1%，农业生产信息化率为25.4%，全国大田种植信息化率为21.8%。2022年农村互联网普及率达到58.8%，智慧农业设备操作培训覆盖率不足20%，导致部分耕地因技术性撂荒闲置。农村劳动力的结构性矛盾导致农机智能化装备使用率低，精准施肥技术普及率不足，氮肥利用率低于发达国家等生产问题。尽管国家实施高素质农民培育计划，积极培育新型职业农民，但面对人数众多的小农户，人才供给缺口较大。由于人才断层，导致技术断层，进一步使得生产断层的粮食生产现状面临老人种不动、新人不愿种的双重困境。因此，大力推进智慧农业发展，赋能农业现代化建设，亟须构建培育职业农民、赋能智慧农业和创新生产组织的协同机制。

（六）金融服务水平落后

国家层面先后出台了《农业保险条例》《中华人民共和国乡村振兴促进法》和《关于金融支持全面推进乡村振兴加快建设农业强国的指导意见》等一系列政策文件，试图构建多层次的农村金融体系，但金融资源配置的城乡二元结构矛盾仍未得到根本缓解。这种矛盾在农村金融服务的实践中表现为明显的服务网络缺失、金融产品创新缺失和风险分担机制缺失等特征，严重阻碍了粮食生产现代化的进程。

1. 农村金融服务网络的缺失是农村金融服务落后面临的关键问题

县域以下的金融机构覆盖率较低，并且其功能也较为单一，主要以传统的存贷业务为主，缺乏多样化的金融产品和服务。这种服务网络的不完善使得金融服务难以深入农村基层，农户和农业企业难以获得及时、便捷的金融服务，导致资金链断裂风险增加。这种服务网络的缺失不仅限制了农村金融服务的可得性，也使得金融资源难以有效配置到粮食生产的关键环节。

2. 金融产品创新的缺乏进一步加剧了农村金融服务的滞后性

粮食生产具有周期长、季节性强的特点，从播种到收获再到销售，需要持续的长期资金支持。然而，当前农村金融产品创新不足，尤其是针对粮食生产周期的中长期信贷产品供给匮乏。金融机构提供的传统贷款期限大多较短，与粮食作物的生长周期严重错配。农户在作物生长的关键时期可能面临资金短缺的问题。此外，农业供应链相关金融产品发展缓慢，无法有效整合粮食生产、加工、销售等环节的资金需求，导致产业链上下游企业融资困难，制约了粮食产业的规模化和现代化发展。

3. 风险分担机制的缺位也是农村金融服务滞后的重要表现

粮食生产面临着诸多风险，如自然灾害、市场波动、病虫害等，这些风险具有不确定性高、损失大等特点。然而，当前农村金融服务中风险分担机制仍需完善，农业信贷担保放大倍数不足，无法有效分散金融机构的风险。这使得金融机构在提供信贷支持时往往持谨慎态度，导致农户和农业企业难以获得足够的资金支持。同时，农业保险的覆盖范围和保障水平也较低，难以满足粮食生产的风险保障需求，进一步加剧了粮食生产的风险暴露。

近年来，为推动做好科技金融、绿色金融、普惠金融、养老金融和数字金融"五篇大文章"，国务院办公厅提出提升乡村振兴服务水平，支持保障国家安全和巩固扩展脱贫攻坚成果，其中普惠金融旨在通过发挥其普惠性扩大金融产品覆盖面，尤其是深入农村和偏远地区，推动乡村振兴战略目标的实现，为解决农村金融服务滞后问题提供了新的思路和方向。

四、本章小结

1949 年以来，中国粮食生产实现了从温饱不足到总量丰裕的历史性跨越。粮食总产量由初期的 11318.40 万吨攀升至 2024 年的 70650 万吨，增幅超过 5 倍，人均粮食占有量从 208.90 公斤提升至 2023 年创下的 492.95 公斤历史峰值，远超国际粮食安全标准线。这一成就的取得是政策创新、技术进步与制度变革协同作用的结果。粮食生产趋势呈现显著阶段性特征：1949~1978 年受制于集体化生产模式与技术瓶颈，年均增长率较低；1978 年家庭联产承包责任制实施后，粮食总产的速度跃升，2012 年突破 6 亿吨大关；2013 年以来进入高质量发展阶段，单产贡献率有了较大提高，2023 年粮食单位面积产量达到 5845.33 公斤/公顷，较 1949 年增长 5.68 倍。消费结构同步发生深刻转变，口粮消费占比下降，而饲料用粮和工业用粮占比分别上升。供给体系呈现主粮安全、结构失衡的双重特征。水稻、小麦自给率持续稳定在 98% 以上，筑牢了"口粮绝对安全"的底线。但结构性矛盾日益凸显：玉米消费量剧增，进口依存度高；大豆对外依存度在长期内高于80%，进口量突破1亿吨，形成"北美种豆、中国加工"的全球产业链分工。品种结构优化取得进展，优质专用小麦占比提升，粳稻产量占比取得重大突破，但专用玉米、高油酸大豆等品种仍存在供给缺口。这种总量充裕与结构短缺并存的格局，反映出粮食安全内涵已从单纯的数量保障向质量提升、营养均衡拓展。伴随粮食生产，粮食政策体系历经三次范式转型，形成具有中国特色的制度演进路径。计划经济时期从短暂的自由购销到统购统销政策，通过价格"剪刀差"为工业化积累资本，但抑制了农民生产积极性。改革开放后进入市场化改革阶段，家庭承包制释放个体活力，最低收购价、良种补贴等政策工具组合发力，推动粮食产量跨越式增长。2013年至今的供给侧结构性改革时期，政策重心转向质量效益与可持续发展，按价补分离机制的原则，建立玉米生产者补贴制度，实施种业振兴行动，耕地轮作休耕的试点增加，化肥施用量实现负增长。粮食产业政策工具创新呈现价格干预减弱、生态补偿增强、和科技支撑强化的演进特征，农业支持保护从"黄箱"向"绿箱"政策转型，WTO框架下的合规性补贴支出占比提升。

然而，粮食安全保障仍面临多重现实挑战。自然风险方面，气候变化导致极端天气频率增加，2022年长江流域干旱造成水稻减产，华北地下水超采区面积增大，东北黑土区耕层厚度较新中国成立初期大幅度减少。结构性矛盾突出表现为三高三低：玉米库存消费比仍处高位，而大豆自给率不足；13个主产区贡献全国3/4的产量，但长三角、珠三角等主销区自给率跌破30%；优质强筋小麦仍需大量进口，与普通小麦阶段性过剩并存。要素配置失衡制约发展效能，农业劳动力老龄化与女性化现象凸显，丘陵地区智能农机使用率不足；户均耕地经营规模较小，制约技术应用效率。面对资源约束趋紧、环境承载力下降等结构性矛盾，提升绿色全要素生产率已成为突破粮食生产增长瓶颈的关键路径。政策层面需构建绿色全要素生产率导向的激励机制，建立覆盖资源消耗、环境污染与碳足迹的绿色全要素生产率核算体系，推动粮食生产从高投入、高污染向绿色集约型根本转型，为可持续粮食安全提供新动能。

第四章

粮食生产的碳源和碳汇分析

大气中二氧化碳（CO_2）的浓度在 19 世纪之前没有发生明显变化。工业革命的发生导致大气二氧化碳浓度逐步提高，致使二氧化碳排放量在 1970~2004 年增加 70%[①]。碳排放是当前"温室效应"的主要诱因，而要解决这一环境问题，必须减少大气中温室气体的积累。减少温室气体需要从碳源和碳汇两个方面来综合考虑。森林具有碳汇功能（赵庆建等，2011），而农业生产过程却具有碳源和碳汇双重属性。一方面，农作物进行光合作用可以在生产过程中吸收大量的二氧化碳，即具有固碳作用；另一方面，农业生产过程中施用的化肥等生产资料会引起碳源的释放，即具有碳排放效应。实现低碳农业的关键是解决好农业的增汇与减排问题。作为农业的重中之重，粮食的绿色低碳生产对农业的可持续发展具有关键作用。粮食的绿色低碳生产需要综合考虑粮食生产的经济效益和环境因素。本章在现有研究基础上，探讨粮食作物的碳源和碳汇功能，以全面认识粮食作物的作用。在生产过程中对环境因素的考虑主要有两种方式：一是将污染排放物作为非期望产出（Watanabe & Tanaka，2007；陈诗一，2010b；王兵等，2010）；二是把污染当成一种未支付的投入，与劳动等其他生产要素投入一起引入生产函数，进行相关分析（Koop，1998；Ramanathan，

① IPCC. Climate Change 2007: The Physical Science Basis. Contribution of Working Group I to the Fourth Assessment Report of the Intergovernmental Panel on Climate Change [M]. Cambridge University Press, 2007.

2005；陈诗一，2009）。本书结合粮食生产的特点，采用第二种方法，即通过把污染排放物作为一种投入要素的形式引入环境变量中。

中国于 2020 年确立了"双碳"战略目标，即力争在 2030 年前实现二氧化碳排放达峰，并在 2060 年前完成碳中和目标。作为具有碳源与碳汇双重特性的重要领域，农业在气候治理中扮演着关键角色。联合国粮农组织研究表明，农业系统在全球温室气体排放中具有重要作用，其用地释放的温室气体规模已构成人为排放温室气体的重要部分，而农业生产本身更是碳排放的关键来源之一。中国作为世界农业核心产区，农业碳排放总量在全球范围内处于突出地位，其中种植业中的粮食生产活动对碳排放所产生的作用尤为突出，成为农业碳排放体系中的主导部分。研究表明，当采用全生命周期视角对粮食生产进行碳排放评估时，其环境影响的复杂性将更为凸显——从农资供应链到田间管理的完整环节均会产生关联性碳排放，这使得农业碳足迹的评估边界和强度测度面临系统性重组。同时，粮食生产系统通过作物生长过程形成的固碳功能实质上构建了动态的碳循环调节机制，这种兼具排放与吸收的双向调节特征，使其成为协调农业生产与生态平衡的关键因素。为贯彻落实碳达峰碳中和重大决策部署，推进农业农村绿色低碳发展，2022 年颁布的《农业农村减排固碳实施方案》特别指出，种植业既能通过优化管理实现碳减排以助力碳达峰，又能增强土壤碳汇功能推动碳中和。这种双向调节特性决定了种植业在实现气候目标中的战略地位，亟须通过技术创新和制度优化充分释放其减排增汇潜力。

在推进"双碳"战略背景下，中国粮食生产正处于从分散经营向集约化模式转型的历史性阶段。土地制度改革、新型经营主体培育以及城乡人口流动加速等相关因素共同推动着农业经营格局的重构。这种规模化转型不仅深刻改变着粮食生产要素配置方式，更通过多重路径影响着碳循环系统。首先，规模经营推动生产技术创新，促使化肥、农药、机械等投入品的使用效率发生质变，进而影响粮食生产环节的碳排放强度。其次，经营规模扩大将改变不同作物的比较效益，驱动种植结构向高附加值品种倾斜，这种结构性调整将促使土壤管理碳排放与农作物碳汇能力产生动态演变。最后，土地和劳动力等要素的集约化配置模式，通过改变单位面积产出效率，间接作用于作物全生长周期的碳吸收功能。因此，探讨在气候变化和全球经济一体化大背景下，结合我国国情和农情，构建农作物生产的碳足迹模型、核算我国粮食作物生产碳排放与碳吸收，采取相应的粮食生产减排措施，建立中国农产品碳交易市场，实现经济收益与温室气体减排同步发展，有助于我国农业的可持续发展。

一、文献回顾

（一）关于农业碳排放的相关研究

Solomon（1993）、Li 和 Zhao（2001）认为人类活动通过改变土地利用方式影响着生态系统地上和地下的碳蓄积量。Lal（2004）的研究结果表明，在不同耕作方式下，碳排放量由高到低的耕作方式依次为常规耕作>精耕>少耕或免耕。Fargione 等（2008）研究认为，虽然生物燃料是潜在的低碳能源，但是如果把热带雨林和热带草原或者是草地转换成农地来获得生物燃料，虽然减少了化石能源的碳排放，但这种改变土地利用方式的做法并不能有效地减少碳排放，反而使碳排放成倍增加。Arevalo 等（2011）的研究结果表明，农耕地转变为杨树混合林，会导致该地区生态系统的碳排放有所减少。Vleeshouwers 和 Verhagen（2002）依据土壤的碳储存量、含水量等诸多因素构建了测算农田土壤碳排放的相关模型，这些因素导致不同地区减少碳排放措施的效果大不相同。Lal（2004）认为化肥和农药等农业投入增加了碳排放。

关于温室气体排放的原因，有人归结于农资投入（姚延婷和陈万明，2010；张德纯，2010），有人归咎于经济增长（李国志和李宗植，2010）。刘涛等（2011）、范定祥和廖进中（2011）基于进化博弈理论对农业生产过程中采取的减少碳排放的策略进行了分析。关于农业碳排放的现状，在区域层面，罗吉文（2010）估算了江苏省在 2004~2008 年的农业碳排放状况；在全国层面，根据李波等（2011）的研究结果可知，整个国家农业碳排放在 1991~2008 年每年递增 2.59%。针对目前减少农业碳排放的措施，杜志雄和檀学文（2010）建议从企业、公民社会和公共部门这三类主体出发，发展低碳食品体系。张德纯（2010）则主张应该实施测土配方施肥和秸秆还田的施肥技术等措施来减少碳排放。

（二）关于农业碳吸收的相关研究

关于农业碳吸收的相关研究，国外将重点聚焦于测算土壤固碳和净碳汇方面，农业用地的变化对于农地土壤的碳含量影响很大。Marland 等（2001）论证了通过农业土壤的碳吸收减少温室气体的可行性。Buringh（1984）则认为，决定农业土壤有机碳生成量和碳分解量的因素主要是农户从事农业生产的方式。Daniel 等（2004）估算了美国提高土壤碳汇能力所需要的成本。Wang 和 Epstein（2013）估测了运用农业免耕的方式使弗吉尼亚地区从碳源地转变为碳汇地通常要花费 5~19 年的时间。Pan 等（2004）分析了中国水稻农田的碳汇和固碳潜力，认为中国水稻的固碳能力与美国的草地相当，且大于中国和美国耕种的旱地土壤的固碳能力。Piao 等（2009）认为在 20 世纪八九十年代，中国陆地生态系统吸纳了累计化石碳排放的 28%~37%。由于乱砍滥伐森林，东北地区是大气中二氧化碳的净排放源，而南方由于地区气候的变化和大规模的植树造林，吸收了超过 65% 的碳排放。

国内关于农业碳汇方面的研究主要集中在农业的碳汇功能、不同耕作方式和土地利用方式对农田固碳量的影响，以及农业固碳功能与农民收入之间的关系上。此外，国内研究还包括如何发展农业碳汇项目等。刘允芬（1998）、罗吉文（2010）认为中国农业的碳汇功能大于碳源。夏庆利

（2010）具体分析了农业碳汇功能的具体途径。金琳等（2008）的研究表明，具有最大增碳作用的农田管理措施依次为：化肥以及有机肥的混合搭配，秸秆还田，施用有机肥和免耕。杨景成等（2003）详细研究了施肥对于提高有机碳含量的具体途径。许燕萍等（2008）、王小彬等（2011）具体研究了农地管理措施和土壤碳汇的关系。廖薇（2009）的研究表明，碳交易市场存在对土壤固碳的有利性。程红和高建中（2011）则详细提出了促进碳交易市场的具体措施，为农业碳汇市场的形成提供指导。

二、碳源和碳汇的概念界定

联合国气候变化框架合同（United Nations Framework Convention on Climate Change，UNFCCC）把碳源定义为，向大气中排放温室气体的活动或者过程，而把减少大气中温室气体的活动或过程称为碳汇。

三、粮食生产过程中碳源和碳汇的计算

粮食作为农业生态系统中的重要部分，其碳源和碳汇的途径如图4-1所示。图中左侧部分为粮食生产过程中碳排放的过程，即主要的碳源途径，右侧部分为粮食生产过程中碳输入的过程，即主要的碳汇途径。

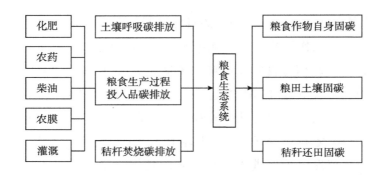

图 4-1　粮食生态系统的主要碳源和碳汇途径

资料来源：李颖（2014）。

（一）粮食生产过程中碳源的计算

由图 4-1 可以看出，粮食生态系统的碳源主要包括粮食生产投入品的碳排放，粮田土壤呼吸的碳排放和秸秆露天焚烧的碳排放。粮食作物生产系统的碳汇主要包括粮食作物自身在生长期的固碳、土壤固碳和秸秆还田固碳。

一般地，粮食生产投入碳排放量（E）包括化肥、农药、农机、农膜和灌溉等生产投入在生产、运输及使用过程中所产生的直接碳排放和间接碳排放。其计算公式如下：

$$E = \sum E_i = \sum Q_i \times \gamma_i \tag{4-1}$$

其中，E_i 为各项生产投入的碳排放量（吨碳/年）；Q_i 为各项生产投入的数量，包括化肥施用量（吨）、农药使用量（吨）、农机柴油使用量（吨）、农膜使用量（吨）和灌溉面积（公顷）；γ_i 为各项生产投入的碳排放系数。其中，化肥、农药和灌溉的碳排放系数分别为 0.8596 千克/千克、4.9341 千克/千克和 20.476 千克/公顷[①]，农用柴油的碳排放系数为

---

① 资料来源于李波等（2011）的相关研究。

3.5829 千克/千克[①]，而农膜的碳排放系数为 5.18 千克/千克[②]。化肥和灌溉面积的相关数据来自国家统计局，农药相关数据来自国家统计局和《中国环境统计年鉴》。农用柴油使用量相关数据来自国家统计局和《中国农村统计年鉴》，农用塑料薄膜使用量相关数据来自国家统计局和《中国环境统计年鉴》，在计算的过程中以上数据均乘以系数 $B\left(B=\dfrac{粮食播种面积}{农作物播种总面积}\right)$ 以从农业中抽离出粮食生产的各种投入量。

随着经济和社会的发展，中国的秸秆资源大量浪费，农民就地焚烧秸秆的现象日益突出。粮食作物秸秆在燃烧的过程中会释放二氧化碳、一氧化碳等有害气体，危害人类健康，并污染环境，使全球变暖。中国的粮食作物秸秆数量可以根据作物产量来推算，因为官方没有这一方面的统计数据。本书根据历年各省份的粮食作物产量，按照谷草比，即其中稻谷的谷草比为 0.623、小麦的谷草比为 1.366、玉米的谷草比为 2、豆类的谷草比为 1.5、薯类的谷草比为 0.5[③]，计算得到秸秆数量，再根据表 4-1 中每一个地区秸秆露天焚烧比例以及二氧化碳和一氧化碳的碳排放因子（分别为 1390.4 克/千克和 102.2 克/千克[④]）测算出每一个地区的碳排放量。

表 4-1　各省秸秆露天焚烧和被废弃的比例分类　　　　　单位：%

秸秆露天焚烧的比例	秸秆被废弃的比例	省份	分类原因
30	60	山东、江苏、浙江、福建、广东、海南	经济发达，秸秆利用率低
		吉林、黑龙江	地广人稀，秸秆利用率低
20	40	山西、辽宁、河南、陕西	能源产地，但经济欠发达
		安徽、江西、湖北、湖南、广西、四川、重庆、云南、贵州、河北	秸秆利用率较高

① 资料来源于李颖（2014）的相关研究。
② 资料来源于韩召迎等（2012）的相关研究。
③ 谷草比采用的是中国农村能源行业协会数据（CAREI，2000）。
④ 资料来源于李跃飞和王建飞（2013）的相关研究。

秸秆露天焚烧的比例	秸秆被废弃的比例	省份	分类原因
10	20	宁夏、甘肃、新疆	秸秆利用率高
0	0	北京、天津、上海	控制严格
		内蒙古、青海	秸秆利用率高

资料来源：曹国良等（2005）。

土壤碳分为无机碳和有机碳。相比之下，无机碳比较稳定，而有机碳则保持着与大气之间的动态交换。正是由于以上原因，对有机碳的分析就成了研究重点。在农田生态系统中，在土壤固碳的过程中起主要作用的是土壤性质和农田管理方式。此外，其还受到气候变化、土地利用方式和植被品种等多种因素的影响。土壤有机碳固定、转化和释放因不同的气候变化、土壤性质、管理措施和植被品种的不同而存在较大的差异。关于土壤碳源的定性研究较少，结合现有文献，本书土壤年均碳释放的速率取值为0.670 吨碳/公顷·年[1]。

（二）粮食生产过程中碳汇的计算

粮食作物自身的固碳是指粮食作物通过光合作用将空气中的二氧化碳转化为碳水化合物，释放氧气，将碳固定在粮食作物体内，供其生长、发育和产量的形成过程。粮食生产过程中碳汇的计算如下：

1. 粮食作物自身固碳

借鉴王修兰（1996）的相关研究，本书粮食作物对碳的吸收量具体计算公式如下：

$$C_I = \frac{0.45 Y_w}{H_i} \qquad (4-2)$$

其中，C_I 表示粮食作物的碳吸收量，Y_w 表示粮食作物的经济产量，H_i

---

[1] 资料来源于韩召迎等（2012）的相关研究。

表示粮食作物的经济系数。其中，粮食作物水稻的经济系数为 0.45、小麦的经济系数为 0.4、玉米的经济系数为 0.4，豆类的经济系数为 0.35，薯类的经济系数为 0.7。[①]

2. 粮田土壤固碳

国内对农田土壤固碳的研究成果丰硕，但所得结论差异较大。结合研究内容及粮食生产的特点，本书将土壤年均固碳速率取值为 0.452 吨碳/公顷·年[②]。

3. 秸秆还田固碳

秸秆还田所产生碳汇的测度，通常先测度未经过秸秆还田农田的土壤有机碳含量，再测度秸秆还田后同一地块土壤有机碳含量的变化，从而得到秸秆还田的碳汇。所以，秸秆还田的碳汇作用要通过测定土壤的有机碳含量来测定，其固碳作用在土壤碳汇部分考虑，以免重复计算（逯非等，2010；段华平等，2012）。

通过对以上粮食生产过程中碳源和碳汇的计算，将二者相减，即得到本书的净碳源量 C。

四、粮食生产过程碳源与碳汇现状分析

（一）总体趋势特征

基于前文对粮食生产过程中所产生的碳源与碳汇核算方法，本书对 2001~2022 年除西藏外的 30 个省级行政单位（不包括港澳台地区）的粮

---

① 资料来源于王修兰（1996）的相关研究。
② 资料来源于韩召迎等（2012）的相关研究。

食生产过程中的碳排放量、碳吸收量及净碳源量进行了测算。表4-2描述了在样本期中国总体粮食生产过程中的碳源总量、碳汇总量、净碳源量及其年增长率情况。从碳源总量的角度来看，中国粮食生产的碳排放总量整体呈现波动上升的趋势，尤其在2022年达到了145411.20万吨的高峰，与2001年相比增长了约38.37%，年平均增长率为1.74%。由此可知，2001~2022年，中国在农业碳减排方面取得了显著成效，尽管碳排放量有所增长，但增长速度逐渐放缓，呈现阶段性增速波动。其中，2004~2011年为快速扩张期，年均增速3.22%，峰值出现在2006年，年均增速为4.23%。以上趋势的出现可能与该阶段工业化加速推进有关。2012~2015年为增速放缓期，年均增速降至1.85%，表明该阶段碳排放目标等政策约束逐步生效。2016~2022年为碳排放调整期，增速较低，年均0.21%，2017年后多次出现负增长。

表4-2　粮食生产碳源量、碳汇量、净碳源量及年增长率

年份	碳源总量（万吨）	碳汇总量（万吨）	净碳源量（万吨）	净碳源量增长率（%）
2001	105087.20	50830.71	54256.49	—
2002	104545.10	51145.46	53399.65	−1.58
2003	100474.90	48282.27	52192.67	−2.26
2004	104776.20	52614.12	52162.06	−0.06
2005	108222.00	54373.59	53848.45	3.23
2006	112797.40	56441.80	56355.57	4.66
2007	115120.00	57113.89	58006.09	2.93
2008	118800.90	60570.79	58230.15	0.39
2009	122239.90	61324.06	60915.80	4.61
2010	125939.90	63483.50	62456.44	2.53
2011	129875.60	66740.03	63135.61	1.09
2012	133926.20	69398.56	64527.66	2.20
2013	135935.30	71505.20	64430.13	−0.15
2014	138375.20	72564.55	65810.63	2.14
2015	142085.90	74975.87	67110.04	1.97

续表

年份	碳源总量（万吨）	碳汇总量（万吨）	净碳源量（万吨）	净碳源量增长率（％）
2016	144153.90	74968.22	69185.64	3.09
2017	144259.10	74972.73	69286.34	0.15
2018	143526.50	74495.26	69031.27	−0.37
2019	143195.20	75133.16	68062.03	−1.40
2020	143404.50	75719.48	67685.00	−0.55
2021	144177.00	77115.59	67061.46	−0.92
2022	145411.20	77778.59	67632.63	0.85

资料来源：根据文献资料和统计数据计算所得。

　　粮食生产的碳汇总量从 2001 年的 50830.71 万吨增长至 2022 年的 77778.59 万吨，22 年间累计增长 53.0％，年均增长率约 1.94％，增速显著高于同期碳源总量年均 1.74％的增长率，只在 2003 年出现了负增长。究其原因，一方面，可能是因为该时期内随着城镇化和工业化进程的加快，大量农村劳动力向城市转移，从而影响了农民种粮的积极性，进而导致粮食种植面积减少；另一方面，2002 年全面启动退耕还林工程，导致随后年份粮食作物种植面积大幅减少，从而使得粮食生产碳汇量增速急剧下降甚至出现负增长。2004~2013 年为快速增长期，年均增速 3.23％，尤其在 2008~2013 年保持年均 2.73％的稳定增长。自 2004 年起，中央以"三农"问题为核心出台一系列政策，通过"两减免、三补贴"等惠农措施显著调动了农民粮食生产积极性。然而，农业生产中化肥、机械等要素投入规模的扩大，客观上增加了碳排放压力，导致粮食碳汇总量增速呈现阶段性放缓。2008 年国际金融危机后，国家通过强化财政支农、完善补贴机制、加大农业科技投入等举措，推动土地资源利用效率与农业现代化水平持续提升。同时，低碳农机推广、农用柴油替代等技术转型有效降低了粮食生产对高碳排生产模式的依赖，农业绿色化进程加速，促使粮食碳汇能力在政策与技术的共同作用下进入快速增长通道。2014~2019 年碳汇总量的年均增速降至 0.60％，其中在 2016 年首次出现总量停滞。2015 年启动的"化肥农药零增长行动"在实施初期对传统种植模式的冲击导致该阶段碳汇增速下降。2020~2022年其年均增速回升至1.16%，但未恢复至早期水平。近年来，在"双碳"目标引领下和资源环境刚性约束深化背景下，我国农业绿色转型步伐显著加快。随着"十四五"规划将农业碳中和纳入重点任务，2020~2022年通过强化化肥农药减量增效、秸秆资源化利用等专项行动，推动粮食生产碳汇能力持续提升。特别是乡村振兴战略进入全面实施阶段后，数字化农业与生态循环生产模式，有效降低了单位产出的碳排放强度。与此同时，碳汇监测体系完善与市场化生态补偿机制的探索，进一步释放了农田生态系统的固碳潜能，共同促进粮食碳汇总量在2020~2022年实现年均1.3%的稳健增长，凸显了政策导向与技术创新的协同效应。

2001~2022年中国粮食生产净碳源量呈现先升后降到波动趋稳的演变特征。2001~2016年受农业集约化扩张驱动，导致化肥农药过量投入和机械化石能源依赖加重，净碳源量从54256.49万吨攀升至69185.64万吨，其中2006年增速达4.66%；2017年后随"化肥农药零增长行动"的实施与秸秆还田、保护性耕作等绿色农业技术推广，净碳源量呈现下降趋势，2021年降至67061.46万吨；2022年因极端天气导致的农药增施与柴油农机短期回潮，净碳源量小幅反弹0.85%。以上变动趋势表明，粮食生产的碳排放在政策约束与技术替代的双重作用下已进入转型攻坚期，但极端气候与能源成本波动仍是未来减排的关键挑战与需要解决的难题。

（二）结构分布特征

由表4-3可知，2001~2022年，投入品碳排放（化肥、农药、农膜等）始终是粮食生产碳排放的核心来源，从81163万吨增至108120万吨，累计增长33.2%，年均增速1.3%。其增速在2016年后明显放缓，2016~2022年年均增速为0.4%，与"化肥农药零增长行动"直接相关。秸秆焚烧碳排放呈现阶段性波动，从16830万吨增至29375万吨，但2016年后增速趋缓，以年均0.5%的增速增加，这主要得益于秸秆禁烧政策与资源化利用技术。秸秆还田和生物质发电等技术的应用与推广能有效降低粮食生产过程中的碳排放。土壤呼吸碳排放增速最缓，在样本期，年均增长率为 0.6%，反映保护性耕作等土壤固碳管理技术的应用抑制了土壤碳释放。以上数据表明，粮食生产碳排放结构变化为投入品主导增长，秸秆焚烧呈现边际波动。呈现以上趋势的原因主要为：2001~2015 年农业集约化初期依赖高碳投入品，而 2015 年后在《到 2020 年化肥使用量零增长行动方案》等政策约束下，以及精准施肥等绿色生产技术的应用逐步生效，抑制了碳排放增速。

表 4-3　粮食生产碳源与碳汇结构分布特征　　　　　　单位：万吨

年份	粮食生产碳排放来源			粮食生产碳吸收来源	
	投入品碳排放	秸秆焚烧碳排放	土壤呼吸碳排放	作物自身固碳	粮田土壤固碳
2001	81163	16830	7094	46045	4786
2002	80488	17109	6948	46458	4687
2003	77604	16223	6648	43797	4485
2004	80150	17830	6796	48030	4584
2005	82676	18571	6975	49668	4705
2006	85972	19804	7021	51705	4736
2007	88069	19961	7090	52331	4783
2008	90119	21487	7194	55717	4853
2009	93338	21526	7376	56348	4976
2010	95761	22707	7472	58443	5041
2011	97995	24323	7558	61641	5099
2012	100660	25615	7651	64237	5162
2013	101541	26641	7754	66274	5231
2014	103445	27072	7858	67264	5301
2015	105916	28212	7959	69607	5369
2016	107845	28333	7976	69588	5381
2017	108077	28290	7893	69648	5325
2018	107854	27843	7829	69213	5282

年份	粮食生产碳排放来源			粮食生产碳吸收来源	
	投入品碳排放	秸秆焚烧碳排放	土壤呼吸碳排放	作物自身固碳	粮田土壤固碳
2019	107168	28263	7764	69895	5238
2020	107244	28349	7811	70450	5270
2021	107243	29065	7869	71807	5308
2022	108120	29375	7915	72439	5340

资料来源：根据文献资料和统计数据计算所得。

由表4-3还可知，样本期碳吸收效率提升，其中作物固碳能力显著增强。作物自身固碳量总量从46045万吨增至72439万吨，累计增长57.3%，年均增速2.1%，远超碳排放增速。这一增长得益于杂交水稻等高产作物品种推广与种植密度优化，单位面积生物量提升直接增强固碳能力。粮田土壤固碳总量从4786万吨增至5340万吨，增幅11.6%，增速缓慢，年均增速仅为0.5%，表明该时期土壤有机质改良措施效果有限，需进一步强化耕地质量保护。在样本期，抗逆品种研发等生产技术进步与高标准农田建设等政策支持共同驱动作物固碳能力提升，但土壤固碳受限于长期耕作扰动与有机质输入不足。

净碳源量即粮食生产过程中的碳排放总量与碳吸收总量的差额，从2001年的54256万吨增至2016年峰值的69186万吨后开始下降，到2022年下降67633万吨。由于秸秆禁烧、化肥减量等政策约束与免耕播种机普及等技术创新使2016~2020年净碳源量处于下降期，排放增速放缓，同期作物固碳量增长抵消了42%的排放增量。2022年农业碳排放呈现阶段性抬升现象，其主要成因可归纳为两方面：一是气候异常频发引发的病虫害压力增大，促使农药施用量显著提升；二是化石能源价格波动导致农业生产回归柴油动力机械的高耗能作业模式。上述因素共同作用于农业生产系统，致使农药生产、农机燃油消耗及秸秆露天焚烧等环节的碳排放强度同步增加，从而引发农业净碳源量出现短期波动性增长态势。由净碳源量的变动趋势可知，政策干预与技术渗透是长期减排主线，但极端气候与全球化石能源价格波动仍是短期扰动因素，进一步凸显农业减排对气候韧性与绿色能源替代的依赖。在粮食生产过程中需要通过构建气候智慧型农业体系以增强净碳源量的稳定性。

（三）空间分布特征

掌握粮食生产净碳源量变化，把握区域间粮食生产碳排放以及碳吸收的空间异质性分布特征，对各地区科学制定一系列相应减排措施至关重要。因此，根据粮食生产净碳源量变动趋势，对中国2001~2022年除西藏外的30个省级行政单位（不包括港澳台地区）的粮食生产碳排放量、碳吸收量和净碳源量进行区域比较，从时间和空间两个维度分析粮食生产净碳源量的趋势变化，旨在探索影响粮食生产碳汇变化的深层次原因。由于中国幅员辽阔，气候条件和资源禀赋的区域差异明显，各区域的农业生产条件不同，使得粮食生产碳排放和碳吸收情况存在较大差异。因此，深入分析我国粮食生产净碳源量的空间分布情况，明晰当前区域粮食生产碳汇强度的时空演化格局，对于有效解决粮食生产面临的新形势以及需要解决的新矛盾具有重要意义。

由表4-4可知，东部粮食生产净碳源量呈现"先升后降"特征，2001~2010年从2.3亿吨增至2.5亿吨，2011年后波动下降至2022年的2.2亿吨。2013年碳源量骤降至23944.78万吨，较2012年下降7.0%。《大气污染防治行动计划》（2013年）和农业面源污染治理政策落地以及江苏、山东等东部省份率先推行化肥减量替代和秸秆综合利用均有利于降低单位产出碳排放。东部地区粮食生产净碳源量的变动趋势反映东部地区粮食生产从集约扩张向低碳转型的转变。在转型过程中，退耕还林、低碳技术推广以及减少高碳作物的种植业结构调整等举措均有利于净碳源量的减少。

表4-4　东中西部地区粮食生产净碳源量分布特征　　　　单位：万吨

年份	东部净碳源量	中部净碳源量	西部净碳源量
2001	23099.61	20813.10	10343.78

续表

年份	东部净碳源量	中部净碳源量	西部净碳源量
2002	22538.67	20765.32	10095.67
2003	21417.30	21340.90	9434.47
2004	21980.91	20819.66	9361.49
2005	23015.17	21245.90	9587.38
2006	23773.48	22466.59	10115.49
2007	24202.97	23600.30	10202.82
2008	24140.86	23491.81	10597.48
2009	24588.49	25071.87	11255.44
2010	25392.32	25576.76	11487.37
2011	25228.66	26377.76	11529.18
2012	25724.29	27389.34	11414.02
2013	23944.78	29010.47	11474.88
2014	25028.54	29362.16	11419.93
2015	25228.74	30178.18	11703.12
2016	25602.98	32010.59	11572.08
2017	25663.19	32164.97	11458.17
2018	25666.88	32386.08	10978.30
2019	25146.61	32131.49	10783.92
2020	24819.26	32136.94	10728.80
2021	21870.05	33599.07	11592.35
2022	22433.83	33505.47	11693.32

资料来源：根据文献资料和统计数据计算所得。

在样本期，中部地区的净碳源量持续攀升，从 2.1 亿吨增至 3.4 亿吨，增速远超其他区域。但中部地区粮食生产净碳源量在 2016 年以后增速放缓。与 2001~2015 年的年均 3.5% 的增速相比，2016~2022 年中部年均增速降至 1.3%。中部地区增速放缓与该区域土壤退化、地下水资源超等资源瓶颈以及"化肥农药零增长行动"所带来的环保压力对粗放生产模式的制约有关。以上变动趋势凸显中部地区作为粮食主产区的增产压力，与连片种植以及机械化普及所导致的规模化农业扩张有直接关系。

西部地区粮食生产的净碳源量增长最缓，仅从 1.0 亿吨增至 1.2 亿吨，2011 年后西部碳源量稳定在 11000 万～11700 万吨。得益于退耕还林补贴等生态补偿机制和节水灌溉、有机肥替代等技术渗透，平衡了粮食生产与生态需求。以上趋势表明，西部地区粮食生产净碳源量在波动中受制于生态政策约束与资源短板。天然林保护工程等生态保护政策以及耕地贫瘠、水资源短缺等资源约束有利于抑制碳源增长。

东中西部三大区域趋势差异映射出东部提质、中部保量和西部护生态的差异化发展路径。东部、中部、西部粮食生产净碳源量的区域差异本质上是政策导向、资源禀赋与市场结构三重因素共同作用的结果。从政策层面看，东部地区以"质量转型"为核心，通过碳配额交易试点、绿色补贴等机制引导农业减排，推动高碳生产模式向精细化转型。中部则承担国家粮食安全"压舱石"职能，政策资源持续向稳产增产倾斜，如河南通过高标准农田建设提升耕地连片率，但也因过度依赖化肥农药投入导致碳源累积。西部立足生态屏障定位，严格限制坡耕地开垦等开发行为，通过退耕还林补偿机制平衡生产与保护。而资源禀赋差异则进一步强化区域路径分化。东部耕地碎片化促使粮食生产技术升级，无人机植保、精准施肥等技术普及使单位产量碳排放下降。中部依托黄淮海平原连片优势，大规模机械化作业虽提升效率，但柴油动力机械占比过高和秸秆还田率过低等问题加剧碳源增长。西部地区则受制于水资源短缺与土壤贫瘠，转而发展光伏农业、推广旱作技术，在有限资源下实现碳源增速可控。市场与产业结构调整同样深刻影响区域碳源轨迹。东部非农产业发达导致农业劳动力成本攀升，推动直播稻等"轻简化"种植模式普及，降低人工投入的同时压缩农业碳足迹；中部因粮食商品化率较高，依赖小麦、玉米等大宗农产品出口维系高碳生产路径，形成"增产—碳增"的生产效应。西部地区借助特色农业突围，中药材、林果等高附加值作物占比提升，部分对冲粮食生产的碳源压力。在政策、资源和市场三重力量作用下，东部通过政策创新与技术渗透实现"增产减碳"，中部在保供责任与生态约束间探索平衡，西部则以特色化路径实现低碳发展，这种差异格局既是区域发展阶段的客观反映，也为全国农业碳中和目标的差异化实现提供了现实基础。

五、本章小结

本章首先对农业的碳排放和碳吸收相关文献进行了回顾，为研究奠定了理论基础。其次对粮食生产过程中产生的碳源和碳汇进行了概念界定。再次计算了在粮食生产过程中包括化肥、农药、农机、农膜和灌溉等生产投入在生产、运输及使用过程中所产生的直接碳排放和间接碳排放等的碳排放量。进一步地，核算包括粮食作物自身在生长期的固碳、土壤固碳和秸秆还田固碳等在粮食作物生产系统所产生的碳汇。最后综合考虑粮食生产过程中的碳源以及碳汇，测算出净碳源量。

2001~2022 年，我国粮食生产的碳排放总量从 105087.20 亿吨增长到 145411.20 亿吨，而粮食生产过程中吸收二氧化碳的能力仅从 50830.71 万吨提升到 77778.59 万吨，碳排放增速远超吸收速度，两者的缺口越来越大。这主要是因为种地过程中化肥、农药和农机使用量持续增加，虽然施肥技术更精准、浪费减少，但全国化肥用量仍从不断上涨，农机烧柴油排碳的占比也从不断上升。同时，农作物吸收二氧化碳的方式过于依赖水稻、小麦、玉米三大主粮，它们占固碳量的比例较大，而豆类、绿肥等天然"吸碳能手"因种植面积减少难以有效发挥其对生态的保护作用。秸秆还田虽然普及但方式粗放，一半以上浅埋导致温室气体泄漏，进一步削弱了固碳效果。粮食生产碳排放与碳吸收的区域差异同样明显。东部地区通过无人机打药、智能施肥等技术减少净碳源量，总量从 23099.61 万吨降至 22433.83 万吨，但城市扩张导致耕地"非粮化"限制了进一步减排。中部作为中国粮仓承担保供重任，碳排放从 20813.1 万吨猛增至 33505.47

万吨，机械化率高、连片种植小麦玉米的模式形成高产高碳困境，尽管推广保护性耕作，土壤固碳能力仍提升缓慢。西部地区受限于干旱少雨和生态保护政策，碳排放总量最低，通过农田架设太阳能板创新采用农光互补和全膜覆盖保水技术，在艰难条件下平衡生产与环保，但生态补贴不足制约了减碳动力。未来需多措并举以减少净碳源量。推广精准施肥和新能源农机的使用以减少高碳投入，恢复豆类轮作和深埋秸秆以增强其自然吸碳的功能。东部地区可以试点种地碳交易让减排者获利，中部地区可以持续优化种植模式以打破增产必增碳的农业生产怪圈，西部地区需要加大生态补偿支持特色农业，在保障粮食安全的同时，逐步实现少排碳、多吸碳的粮食生产方式绿色转型。深入探索我国省域粮食安全与固碳减排协同发展的空间格局分布规律，以期为协同发展政策的制定提供理论依据和实践参考。

第五章
中国粮食生产的随机前沿分析

在测算粮食生产过程中的净碳源量基础上，本章基于随机前沿生产函数，通过数学推导得出粮食增长的方程式。将粮食产量的增长分解为投入增长的加权和、调整的规模效应、技术进步和技术效率增长四个部分。为了提高模型的灵活性和包容性，较好地反映各投入要素的交互作用和技术进步可能存在的非中性，本章采用超越对数随机前沿生产函数模型。本章的分析内容将为第六章研究中国粮食生产的绿色技术效率和第七章研究中国粮食生产的绿色全要素生产率的时间和空间分布奠定数理基础。

一、模型设定

（一）增长率及全要素生产率的分解

经典经济增长模型假定技术效率和产量一般位于生产前沿面，而生产函数的技术无效率部分可以通过随机前沿生产函数模型表示：

$$Y_t = M(X_{1t}, X_{2t}, \cdots, X_{nt}, t) e^{-u_t} \tag{5-1}$$

其中，Y 表示实际产出，$M(\cdot)$ 表示 n 种投入下的生产前沿，X_{it} 表

示第 i 种投入，t 表示时间，而生产函数 $M(\cdot)$ 中的 t 使生产函数随着技术进步而变化，u_t 是由于技术非效率项所引起的非负随机变量，并且服从在非负处截断的正态分布，即 $u_t \sim N(\mu, \sigma_u^2)$。

对式（5-1）两边取对数得：

$$\log Y_t = \log M(X_{1t}, X_{2t}, \cdots, X_{nt}, t) - u_t \qquad (5-2)$$

把式（5-2）对时间 t 求偏导数得：

$$\frac{\partial \log Y_t}{\partial t} = \frac{1}{M}\left[\sum_1^n \frac{\partial M}{\partial X_{it}}\frac{\partial X_{it}}{\partial t}\right] + \frac{\frac{\partial M}{\partial t}}{M} - \frac{\partial u}{\partial t} = \frac{1}{M}\left[\sum_1^n \frac{\partial M}{\partial X_{it}}X_{it}\dot{X}_{it}\right] +$$

$$\frac{\frac{\partial M}{\partial t}}{M} - \frac{\partial u}{\partial t} \qquad (5-3)$$

其中，$\dot{Y}_{it} = \dfrac{\partial \log Y_t}{\partial t} = \dfrac{\frac{\partial Y_t}{\partial t}}{Y_t}$ 是产出增长，$\dot{X}_{it} = \dfrac{\frac{\partial X_{it}}{\partial t}}{X_{it}}$ 是投入增长，使 $e_{it} = \dfrac{\partial M}{\partial X_{it}}\dfrac{\partial X_{it}}{\partial t}$ 为 X_{it} 的投入产出弹性，则 $e_{it} = \displaystyle\sum_1^n e_{it}$ 为每个投入的总产出弹性，即规模报酬。令 TE 为技术效率，即 $TE_t = \dfrac{Y}{M} = e^{-u_t}$，则 TE 的增长 $\Delta TE_t = -\dfrac{\partial u}{\partial t}$，$\dot{TP}_t = \dfrac{\frac{\partial M}{\partial t}}{M}$ 为技术进步。据此，式（5-3）可进一步表示如下：

$$\dot{Y}_{it} = \sum_1^n \frac{\partial M}{\partial X_{it}}\frac{X_{it}}{M}\dot{X}_{it} + \frac{\frac{\partial M}{\partial t}}{M} - \frac{\partial u}{\partial t} = \sum_1^n e_{it}\dot{X}_{it} + \dot{TP}_t + \Delta TE_t \qquad (5-4)$$

进一步地，假定所有投入以相同规模变化，即 $dX_{it} = gX_{it}$。对 $M(X_{1t}, X_{2t}, \cdots, X_{nt}, t)$ 求全微分得：

$$dM(X_{1t}, X_{2t}, \cdots, X_{nt}, t) = \frac{\partial M}{\partial X_{it}}dX_{1t} + \cdots + \frac{\partial M}{\partial X_{nt}}dX_{nt} + \frac{\partial M}{\partial t}dt$$

$$= M\sum_1^n \frac{\partial M}{\partial X_{it}}\frac{gX_{it}}{M} + M\frac{\frac{\partial M}{\partial t}}{M}dt$$

$$= Mg \sum_{1}^{n} e_{it} + \dot{TP}_t \qquad (5-5)$$

在完全竞争的要素市场，成本最小化问题可表示如下：

$$\min V_t = \sum_{1}^{n} P_{it} X_{it}，受约束于 Y_t = M(X_{1t}, X_{2t}, \cdots, X_{nt}, t)e^{-u_t} \quad (5-6)$$

包含目标函数和限制条件的拉格朗日函数形式如下：

$$L(X_{it}, \lambda) = \sum_{1}^{n} P_{it} X_{it} + \lambda(Y_t - Me^{-u_t}) \qquad (5-7)$$

其中，λ 为拉格朗日乘数。最小化的一阶条件：

$$P_{it} = \lambda \frac{\partial M}{\partial X_{it}} e^{-u_t} = \lambda \frac{\partial M X_{it}}{\partial X_{it} M} \frac{M}{X_{it}} e^{-u_t} = \lambda e_{it} \frac{Y_t}{X_{it}} \qquad (5-8)$$

式（5-8）两边同乘以 X_{it} 得：

$$P_{it} X_{it} = \lambda e_{it} Y_t \qquad (5-9)$$

将所有的投入相加，总成本为：

$$\sum_{1}^{n} P_{it} X_{it} = \sum_{1}^{n} \lambda e_{it} Y_t \qquad (5-10)$$

由式（5-10）可得：

$$V_t = \lambda e_t Y_t \qquad (5-11)$$

将投入 X_{it} 的成本份额定义为 r_{it}，式（5-9）与式（5-11）相除得：

$$r_{it} = \frac{P_{it} X_{it}}{V_t} = \frac{e_{it}}{e_t} \qquad (5-12)$$

则式（5-4）可表示如下：

$$\dot{Y}_{it} = e_t \sum_{1}^{n} \frac{e_{it}}{e_t} \dot{X}_{it} + \dot{TP}_t + \Delta TE_t = \sum_{1}^{n} \frac{e_{it}}{e_t} \dot{X}_{it} + (e_t - 1) \sum_{1}^{n} \frac{e_{it}}{e_t} \dot{X}_{it} + \dot{TP}_t + \Delta TE_t$$

$$(5-13)$$

将式（5-12）代入式（5-13）得：

$$\dot{Y}_{it} = \sum_{1}^{n} r_{it} \dot{X}_{it} + (e_t - 1) \sum_{1}^{n} r_{it} \dot{X}_{it} + \dot{TP}_t + \Delta TE_t \qquad (5-14)$$

从式（5-14）可以看出，产出增长可以分解为投入增长的加权和、调整的规模效应、技术进步和技术效率的增长四个部分。

则全要素生产率如下：

$$TFP_t = \frac{Y_t}{S_t} \tag{5-15}$$

其中，S_t 为总投入。对式（5-15）两边同时取对数并对时间 t 求微分得：

$$\dot{TFP}_t = \dot{Y}_t - \dot{S}_t = (e_t - 1) \sum_1^n r_{it} \dot{X}_{it} + \dot{TP}_t + \Delta TE_t \tag{5-16}$$

（二）具体模型

根据研究目标和内容，设定本书的超越对数随机前沿生产函数具体形式如下：

$$\begin{aligned}
\ln Y_{it} = & \beta_0 + \beta_l \ln L_{it} + \beta_f \ln F_{it} + \beta_a \ln A_{it} + \beta_c \ln C_{it} + \frac{1}{2} \big[\beta_{ll} (\ln L_{it})^2 + \beta_{ff} (\ln F_{it})^2 + \\
& \beta_{aa} (\ln A_{it})^2 + \beta_{cc} (\ln C_{it})^2 + \beta_{tt} t^2 \big] + \beta_{lf} \ln L_{it} \ln F_{it} + \beta_{la} \ln L_{it} \ln A_{it} + \\
& \beta_{lc} \ln L_{it} \ln C_{it} + \beta_{fa} \ln F_{it} \ln A_{it} + \beta_{fc} \ln F_{it} \ln C_{it} + \beta_{ac} \ln A_{it} \ln C_{it} + \\
& \beta_{tl} t \ln L_{it} + \beta_{tf} t \ln F_{it} + \beta_{ta} t \ln A_{it} + \beta_{tc} t \ln C_{it} + \beta_{tt} t + v_{it} - u_{it}
\end{aligned} \tag{5-17}$$

其中，Y_{it} 表示第 i 个决策单元（DMU）第 t 年的粮食产出；本书的投入变量分别为粮食作物劳动力投入 L、粮食作物化肥施用折纯量 F、粮食作物播种面积 A 和粮食作物的净碳源量 C；$t = 2001$，2002，$\cdots$，2022；β 表示待计算的未知参数向量；$v_{it} - u_{it}$ 表示复合误差项；v_{it} 代表着设定误差、测量误差以及随机因素对前沿面的综合作用；假定 $v_{it} \sim iidN(0, \sigma_v^2)$，并独立于 u_{it}；u_{it} 表示技术非效率。采纳 Battese 和 Coelli（1995）对于 u_{it} 分布的假定：

$$u_{it} = \delta_0 + \delta_w Z_{Wit} + \delta_o Z_{Oit} + \delta_s Z_{Sit} + \delta_d Z_{Dit} + \delta_{tw} t Z_{Wit} + \delta_{to} t Z_{Oit} + \delta_{ts} t Z_{Sit} + \delta_{td} t Z_{Dit} + w_{it}$$
$$\tag{5-18}$$

其中，w_{it} 服从方差为 σ_u^2，期望为 0 的正态分布的截尾分布，使得 u_{it} 是非负值。Z 是技术非效率的解释变量，δ 是待估参数，为非效率性影响因素的系数，负值表示对技术效率有正的影响，正值表示有负的影响效应。Z 主要包括自然灾害以及农村劳动力结构特征。其中在表示农村劳动力结构的变量中，Z_W 为农村劳动力中女性的比率，用农村 15 岁及以上人口中女性的占比来表示；Z_O 是农村 65 岁及以上人口与 15～64 岁人口之比，反映农业劳动力老龄化比率；Z_S 是农村劳动力平均受教育年限，反映农业劳动力人力资本存量，具体计算方法是，将每一种受教育程度按一定的受教育年限进行折算，然后乘以该受教育水平的人数，加总求和再除以相应的总人口，便得到人均受教育水平。对于年限的处理如下：未接受教育、小学、初中、高中和大专及以上的受教育年限分别表示为 0 年、6 年、9 年、12 年和 16 年。由于自然灾害将影响粮食生产的技术效率，所以用受灾率来反映自然灾害对粮食生产技术效率的影响，本书的 Z_D 为受灾率，用农作物受灾面积与农作物播种面积的比值来表示。

本书之所以选择劳动力结构作为粮食生产技术非效率项的解释变量，是因为劳动力作为粮食生产的重要投入变量，在近年发生了显著变化，从而对粮食生产产生影响。劳动力结构变化主要表现为：性别比例失衡、老龄化趋势严重以及人力资本水平下降，具体特征如下：

首先，劳动力结构失衡表现为性别比例失衡。根据全国第二次农业普查资料可知，农村绝大多数男性青壮年劳动力倾向于外出务工，而大多数女性则留在农村。留守在农村从事农业生产的劳动主体以女性为主，这与中国男性人口比例高于女性人口的事实不相符。农业劳动力转向非农产业，导致了农业劳动力女性化趋势。这种劳动力性别结构的不平衡现象的发展现状及其对农业生产的实质性影响值得关注。从现有文献来看，大多数学者（Judd，1990；Jacka，1997；Song & Jiggins，2002；李旻和赵连阁，2009；周丕东，2009；何军等，2010）认为农业劳动力女性化已经是基本事实，但是 De Brauw（2003）持相反观点。关于农业劳动力女性化现象产生的根源，研究认为女性劳动力的转移存在制度和责任等诸多困境（高小贤，1994；程绍珍，1998；刘晓昀和辛贤，2003；张凤华，2008；杨小燕，2008；刘筱红和姚德超，2012；文华成，2014）。而文献中农业劳动力性别失衡对农业带来的影响存在分歧：一种观点认为农业劳动力女性化将不利于农业和农村的发展（黄了，2006；李旻和赵连阁，2009；周丕东，2009）；另一种观点认为农业劳动力女性化的趋向能否促进农业发展的关键在于能够通过新的社会分工获得新的生产要素，并成为新的农业发展主题（金一虹，2000；Zhang et al.，2004）。

其次，劳动力结构失衡表现为老龄化趋势严重。按照人口学界公认的标准来衡量，中国现在已经步入了老龄化社会（曲兆鹏和赵忠，2008），而且中国农村劳动力的老龄化趋势在稳步提高（庞丽华，2003；宋斌文，2004；吴海盛，2009）。农业人口老龄化现象是否会阻碍农业生产效率的提高，是否会导致中国农业生产后继无人以及是否会影响粮食安全战略目标的实现？针对以上三个问题，学者进行了大量的研究，但这些研究没有得出一致性的结论（李澜和李阳，2009；袁蓓，2009；陈锡文等，2011；杨俊等，2011；林本喜和邓衡山，2012；胡雪枝和钟甫宁，2013；Li & Sicular，2013；杨长福和张黎，2013；何小勤，2013；徐娜和张莉琴，2014）。关于这种劳动力结构变化的趋势是否影响我国粮食安全，大部分研究持肯定的观点（何福平，2010；纪志耿，2013）。

最后，劳动力结构失衡表现为人力资本水平下降。虽然中国农村劳动力平均受教育年限在近年有所提升，但是随着城镇化的快速推进以及工业化进程的加快，向城市转移的农村劳动力通常都是农村中的高素质劳动者，留在农村从事粮食生产的劳动力的文化程度普遍较低，占大多数的是小学和初中文化程度。有研究认为，农业劳动人力资本水平下降将影响农业机械化水平的提高，进而影响粮食的生产效率和粮食安全目标的实现。已有研究关于中国农村人力资本的文献主要集中在投资收益率（钱雪亚和张小蒂，2000；侯风云，2004）、农民收入增长（白菊红，2004；李谷成和冯中朝，2006）、农村经济增长（周晓和朱农，2003）、收入差距（高梦滔和姚洋，2006；邹薇和张芬，2006）和劳动力迁移（侯风云，2007）等领域。

农村劳动力构成的女性化（Tian & Wan，2000；Chen，2001；Chen et al.，2003；Chen et al.，2008；Tan et al.，2010）、老龄化（胡雪枝和钟甫宁，2013）以及受教育程度的变化（Tian & Wan，2000）等结构性改

变将引起农村各个方面的变化与调整，其中也包括粮食生产的变动。现有的研究较少系统研究女性化、老龄化和受教育程度变化将会如何影响中国的粮食生产，也较少系统分析其对于中国粮食生产绿色技术效率和绿色全要素生产率的意义。

Battese 和 Corra（1977）主张，用 $\sigma^2 = \sigma_v^2 + \sigma_u^2$ 和 $\gamma = \dfrac{\sigma_u^2}{(\sigma_v^2 + \sigma_u^2)}$ 代替 σ_v^2 和 σ_u^2，然后运用极大似然估计法进一步估计式（5-17）和式（5-18），就可以得到 β、δ、σ^2 和 γ 参数的估计量。参数 γ 的取值范围是 0～1，表示误差项里面技术无效率的份额。假如 $\gamma \to 0$，意味着 $\sigma_u^2 = 0$，误差项可能是由随机误差所引起，这时或许没有技术无效率；假如 $\gamma \to 1$，则意味着误差项是由技术无效率项所引起。生产者 i 的技术效率的估算公式如下：

$$TE_i = \frac{E\left(\dfrac{\hat{Y}_i}{U_i},\ X_i\right)}{E\left(\dfrac{\hat{Y}_i}{U_i}=0,\ X_i\right)} \tag{5-19}$$

其中，$E(\cdot)$ 意味着对括号里面的式子求期望，如果 $U_i = 0$、$TE_i = 1$，说明技术效率处在生产前沿面上。当 $U_i > 0$、$0 < TE_i < 1$，则意味着存在技术效率损失。

从式（5-17）可知，劳动力、化肥、播种面积和净碳源量的产出弹性以及规模报酬分别如下：

$$e_{L_{it}} = \beta_l + \beta_{ll}\ln L_{it} + \beta_{lf}\ln F_{it} + \beta_{la}\ln A_{it} + \beta_{lc}\ln C_{it} + \beta_{il}t \tag{5-20}$$

$$e_{F_{it}} = \beta_f + \beta_{ff}\ln F_{it} + \beta_{lf}\ln L_{it} + \beta_{fa}\ln A_{it} + \beta_{fc}\ln C_{it} + \beta_{if}t \tag{5-21}$$

$$e_{A_{it}} = \beta_a + \beta_{aa}\ln A_{it} + \beta_{la}\ln L_{it} + \beta_{fa}\ln F_{it} + \beta_{ac}\ln C_{it} + \beta_{ta}t \tag{5-22}$$

$$e_{C_{it}} = \beta_c + \beta_{cc}\ln C_{it} + \beta_{lc}\ln C_{it} + \beta_{fc}\ln F_{it} + \beta_{ac}\ln A_{it} + \beta_{tc}t \tag{5-23}$$

$$e_{it} = e_{L_{it}} + e_{F_{it}} + e_{A_{it}} + e_{C_{it}} \tag{5-24}$$

二、数据来源

本书使用 2001~2022 年除西藏以外的 30 个省级行政区（不包括港澳台地区）共 660 个样本数的平衡面板数据进行实证分析。数据来源于 2001~2022 年的《中国统计年鉴》和各省份统计年鉴，对缺少的个别数据，使用线性插值法进行相应的补充。

由于缺乏现成的关于劳动力以及化肥投入的官方数据，本书利用权重分析法（马文杰，2010）计算粮食生产要素投入。本书涉及的权重分析法有 2 个权重系数：$W_1 = \left(\dfrac{\text{农业总产值}}{\text{农林牧渔总产值}}\right) \times \left(\dfrac{\text{粮食播种面积}}{\text{农作物播种总面积}}\right)$，$W_2 = \dfrac{\text{粮食播种面积}}{\text{农作物播种总面积}}$。上述劳动力和化肥施用折纯量为大农业口径统计数据，故粮食作物劳动力投入为农林牧渔从业人员乘以 W_1 权数以从农业劳动力投入总量中剥离出粮食生产劳动投入；相应地，通过用化肥施用折纯量乘以 W_2 权数以得到粮食作物化肥折纯量。

农村劳动力中女性化比率、老龄人口负担比和各受教育水平的劳动力人数的数据均来自历年《中国人口和就业统计年鉴》和各省历年的统计年鉴。而环境投入是研究引入的新变量，在第四章进行了重点说明。本书所用到的其他数据均来源于历年《中国统计年鉴》。主要变量的描述性统计如表 5-1 所示。

表 5-1　主要变量的描述性统计

变量名称	单位	符号	均值	标准差	最小值	最大值
粮食产量	万吨	Y	1927.4948	1641.2340	28.7600	7867.7202

续表

变量名称	单位	符号	均值	标准差	最小值	最大值
粮食生产劳动力投入	万人	L	317.7163	245.2420	5.2284	1480.1593
粮食生产化肥投入	万吨	F	148.9225	126.7750	4.7853	1912.1390
粮食播种面积	千公顷	A	3718.9001	2969.0780	46.5200	14700.0000
粮食生产净碳源量	万吨	C	2067.8512	1955.3790	69.4304	9977.5918
女性化比率	%	Z_W	0.4900	0.0210	0.2440	0.8238
老龄化比率	%	Z_O	0.1643	0.0700	0.0661	0.4687
人力资本	年	Z_S	7.4611	0.8970	2.5509	10.8976
灾害率	%	Z_D	0.2108	0.1550	0.0000	0.9359

资料来源：历年《中国统计年鉴》《中国人口与就业统计年鉴》和各省统计年鉴。

三、模型估计与假设检验

（一）模型的合理性检验

本书使用 Frontier4.1 对式（5-17）和式（5-18）进行联立估计。在具体分析模型的经济意义之前需要对超越对数随机前沿模型技术结构及技术效率相关影响因素设定的合理性进行检验，如表5-2所示。

表5-2 随机前沿生产函数模型的参数约束及模型适应性检验

模型	原假设（H_0）及其含义	对数似然值	χ^2	自由度	临界值（1%）	检验
模型2	$\beta_c = \beta_{cc} = \beta_{lc} = \beta_{fc} = \beta_{ac} = \beta_{tc} = 0$ 即生产函数不包括环境因素	452.1294	44.58	6	16.81	拒绝

模型	原假设（H_0）及其含义	对数似然值	χ^2	自由度	临界值（1%）	检验
模型3	$\beta_{ll}=\beta_{ff}=\beta_{aa}=\beta_{cc}=\beta_{tl}=\beta_{lf}=\beta_{la}=\beta_{lc}=\beta_{fa}=$ $\beta_{fc}=\beta_{ac}=\beta_{tl}=\beta_{tf}=\beta_{ta}=\beta_{tc}=\beta_t=0$ 即生产函数为 C-D 生产函数形式	404.8733	139.0922	16	32	拒绝
模型4	$\beta_{tt}=\beta_{tl}=\beta_{tf}=\beta_{ta}=\beta_{tc}=\beta_t=0$ 即不存在技术进步	457.3922	34.0544	6	16.81	拒绝
模型5	$\beta_{tl}=\beta_{tf}=\beta_{ta}=\beta_{tc}=0$ 即技术进步是希克斯中性的	437.9791	72.8806	4	13.28	拒绝
模型6	$\delta_w=\delta_o=\delta_s=\delta_d=\delta_{tw}=\delta_{to}=\delta_{ts}=\delta_{td}=0$ 技术效率影响因素不存在	376.1387	196.5614	8	20.09	拒绝
模型7	$\delta_{tw}=\delta_{to}=\delta_{ts}=\delta_{td}=0$ 技术效率不存在时间效应	449.4712	49.8964	4	13.28	拒绝
备择假设（H_1）：一般模型（4-17）、模型（4-18）		474.4194				

资料来源：根据 Frontier4.1 的结果计算而得。

进一步地，对中国粮食生产的随机前沿生产函数模型的设定进行相关检验。包括是否需要把环境因素纳入生产函数中，选择 C-D 生产函数还是选择随机前沿生产函数，前沿技术进步是否存在，前沿技术是否中性以及技术效率的影响因素是否存在等方面。这些相关检验都是通过构建似然率检验统计量（LR）来进行的，即 $LR=-2(LLF_R-LLF_{UR})$，其中 LLF_R 和 LLF_{UR} 分别表示在零假设和备择假设下的对数似然函数值。若零假设成立，那么就意味着 $LR\sim\chi^2(k)$，其中 k 表示自由度。

本书的假设按照顺序分别为：

假设1：环境因素没有被纳入生产函数，即所有与净碳排放量相关项的系数均为 0。

假设2：生产函数是 C-D 型的（即所有二次项的系数都等于 0）。

假设3：无技术进步，即与时间相关项系数均为 0。

假设4：技术进步被假定为希克斯中性技术进步，即时间与投入构成的二次项系数均为 0。

假设 5：技术效率影响因素不存在，即技术效率方程中变量的系数均为 0，但 δ_0 不为 0。

假设 6：技术效率不存在时间效应，即技术效率方程中与时间相关的系数为 0。

表 5-2 中的模型 2 假设原模型中与投入要素 C 相关项均为零，结果表明，模型中与环境相关项是显著的，不包含环境因素的生产函数不适用；模型 3 假设原模型的二次项等于零，检验结果表明存在技术进步的 C-D 生产函数同样不适用；模型 4 假设时间项与投入要素的交叉项等于零，即技术进步不为希克斯中性，结果表明技术进步对要素之间边际替代率有显著的影响，即技术进步是非中性的；模型 5 对时间效应进行检验，结果表明粮食生产过程中存在显著的技术进步；模型 6 表明技术效率的影响因素是显著的；模型 7 表明粮食生产的技术效率具有显著的时间效应。

（二）模型估计与分析

劳动力投入对粮食绿色生产的影响系数为负表明在当前粮食生产体系中，单纯增加劳动力投入不仅未能提升产出效率，反而对绿色生产形成抑制。这一结果与刘易斯的"二元经济理论"中关于劳动力无限供给假说存在矛盾，反映出农村劳动力转移滞后导致的农业内卷化现象。具体而言，传统精耕细作模式下，过剩劳动力倾向于通过提高复种指数和开垦新地块来维持产量，但此类行为加剧水土流失和生态退化。然而，随着播种面积的扩大，劳动力资源可部分转化为正向生产力。这一矛盾揭示了中国农业的"结构陷阱"：在规模化经营不足的地区，劳动力过剩导致过量施用农药等粗放经营生产行为；在土地连片流转区域，适度劳动力投入能通过精准灌溉等生产活动以优化田间管理，从而降低单位产出的碳排放量。因此可通过"三权"分置等土地制度改革推动农地适度规模经营，将剩余劳动力从数量红利转向技能红利。

化肥过量投入对粮食生产的不利影响表明为化肥边际产出已进入递减

区间，过量施用化肥不仅增加粮食生产成本，还将导致土壤酸化和二氧化碳排放等负外部性。然而，化肥与播种面积的交互项系数显著为正，表明在现行补贴政策下，农户为追求短期产量最大化，倾向于在扩大播种面积时同步提高化肥施用量。这种增地必增肥的生产方式，由粮食安全目标与低碳目标间的政策冲突所导致。为兼顾粮食安全目标与低碳目标，需要进行差异化的农业低碳政策。在生态脆弱区应严格实施化肥配额制，而在规模化潜力较高的平原区，可通过有机肥替代传统化肥和精准施肥等组合拳来实现粮食生产的减量增效。

粮食播种面积对粮食生产的影响，进一步验证了"藏粮于地"战略的必要性与有效性。播种面积对粮食产量的增加做出了重大贡献。粮食播种面积的增加主要依赖两种路径：一是通过休耕轮作制度优化的内涵式扩张；二是通过边际土地开发的外延式扩张。内涵式扩张的可持续性较强，但外延式扩张容易导致碳排放增加等生态问题。因气候等区域差异，播种面积弹性指数在不同区域会有所不同。为更好地发挥耕地面积在粮食生产中的作用，在东部地区应推动都市农业与垂直农场以节省农地，在西部地区可进行技术创新以进行高效节水种植。

净碳源量的系数表明粮食生产碳排放存在环境库兹涅茨曲线特征。相关研究表明，当前全国碳排放已越过拐点进入脱钩区间，但区域差异显著。黄淮海平原仍处于高排低效阶段，而长江中下游已实现低碳高产协同。为有效减少农业生产中的碳排放，可实行以下碳排放措施：碳排放位于拐点前区域，可通过碳交易市场机制倒逼减排技术采纳；碳排放位于拐点后区域，需要强化碳汇补偿力度。此外，可以进一步通过优化国际贸易进出口产品结构和促进膳食结构转型来平衡粮食安全与可持续发展目标。

由表5-3可知，常规性要素投入均在1%的统计水平显著。在样本均值点，劳动力投入要素在粮食生产函数模型中的系数显著为负，但劳动力与粮食播种面积的交互项系数显著为正，表明在粮食生产过程中存在着剩余劳动力，不利于粮食的绿色生产。化肥要素在粮食生产函数模型中的系

中国粮食生产绿色全要素生产率研究

数显著为负，但化肥与粮食播种面积的交互项系数显著为正，表明在粮食
生产过程中存在着过量施用化肥的现象，不利于粮食的低碳生产。粮食播
种面积在1%的统计水平显著为正，表明粮食播种面积是中国粮食产量增
加的重要因素。其原因可能来自以下两个方面：第一，随着播种面积的增
加，耕地的细碎化程度相对较低，实际有效播种面积变大，有利于粮食产
量的增加；第二，较大的播种面积更有利于发挥现代化机械的优点，减少
了犁地、播种和收割等环节的低效，进而促进了粮食产量的增加。净碳源
量的系数在1%的统计水平显著为正，净碳源量的平方项为负，表明净碳
源量对粮食生产的影响具有非线性。

表5-3 中国粮食生产随机前沿面板模型估计结果

随机前沿生产函数					
变量	系数	估计值 （标准误）	变量	参数	估计值 （标准误）
常数项	β_0	-2.0144*** (0.2714)	$\frac{1}{2}\ln L\ln A$	β_{la}	0.2467*** (0.0817)
$\ln L$	β_l	-0.6829*** (0.1431)	$\frac{1}{2}\ln L\ln C$	β_{lc}	0.0376 (0.0433)
$\ln F$	β_f	-0.5416*** (0.1094)	$\frac{1}{2}\ln F\ln A$	β_{fa}	0.1321** (0.0665)
$\ln A$	β_a	1.8977*** (0.1647)	$\frac{1}{2}\ln F\ln C$	β_{fc}	0.0625* (0.0388)
$\ln C$	β_c	0.2923** (0.1189)	$\frac{1}{2}\ln A\ln C$	β_{ac}	-0.0846* (0.0482)
$\frac{1}{2}(\ln L)^2$	β_{ll}	-0.2446*** (0.0877)	$t\ln L$	β_{tl}	-0.0071* (0.0038)
$\frac{1}{2}(\ln F)^2$	β_{ff}	-0.0965*** (0.0245)	$t\ln F$	β_{tf}	-0.0066*** (0.0024)
$\frac{1}{2}(\ln A)^2$	β_{aa}	-0.2874*** (0.0984)	$t\ln A$	β_{ta}	0.0078** (0.0040)

续表

变量	系数	估计值 （标准误）	变量	参数	估计值 （标准误）
$\frac{1}{2}(\ln C)^2$	β_{cc}	-0.0170 (0.0330)	$t\ln C$	β_{tc}	0.0039 (0.0025)
$\frac{1}{2}t^2$	β_{tt}	-0.0008^{**} (0.0004)	t	β_t	-0.0127 (0.0097)
$\frac{1}{2}\ln L\ln F$	β_{lf}	-0.0648^{*} (0.0379)			

技术无效率方程

变量	系数	估计值 （标准误）	变量	参数	估计值 （标准误）
常数项	δ_0	2.3711^{***} (0.4484)	tZ_W	δ_{tw}	0.1483^{***} (0.0337)
Z_W	δ_w	-4.1766^{***} (0.9824)	tZ_O	δ_{to}	0.1530^{***} (0.0393)
Z_O	δ_o	-3.4514^{***} (0.7139)	tZ_S	δ_{ts}	-0.0123^{***} (0.0023)
Z_S	δ_s	0.0253 (0.0173)	tZ_D	δ_{td}	-0.0010 (0.0125)
Z_D	δ_d	0.4228^{***} (0.1307)			
$\sigma^2=\sigma_v^2+\sigma_u^2$		0.0231^{***} (0.0028)	log likelihood function （对数似然函数）		474.4194
$\gamma=\dfrac{\sigma_u^2}{(\sigma_v^2+\sigma_u^2)}$		0.8131^{***} (0.0648)	LR test of the one-sided error （单边混合卡方分布）		222.5946

注：括号内为标准误，$*$、$**$和$***$分别表示在10%、5%和1%的显著性水平显著。

在技术非效率项中，Z_W和Z_O在1%的统计水平显著为负，而tZ_W和tZ_O的系数显著为负。由前面关于技术非效率项的相关说明可知，技术非效率项中回归系数的符号与一般的含义相反。由以上回归结果可知，农村劳动力中女性化程度的提高不仅没有降低反而提高了粮食生产的技术效率，但是这种影响随着时间的推移呈下降趋势。出现以上结果的原因可能是，在粮食生产过程中女性劳动力相较于男性劳动力更加专注，但随着家庭收入的增加，女性将更多的时间和精力放在子女的教育及老人的赡养等方面，而减少了对粮食生产的重视程度。农村劳动力中老龄化程度的提高对粮食生产所产生的影响主要来自以下几个方面：一是相对于青壮年劳动力，老龄化劳动力的粮食生产经验更加丰富，所以在一定程度上其高技能更有利于粮食产量的提高；二是随着农村机械化程度的提高，老龄化劳动力更倾向于进行高度机械化的粮食作物的生产，而不是需要更多人力劳动的经济作物的生产，这样从事非农经济活动较少的老龄化劳动力有利于粮食生产技术效率的提高，但随着年龄的增长，老龄化劳动力对所从事的农业活动会力不从心，随着时间的推移，将减少相关农事活动，从而对粮食生产的贡献将下降。Z_D 的回归系数为正，表明灾害率的上升不利于粮食生产技术效率的提高。

中国粮食生产的劳动力结构已进入深度老龄化、被动女性化和技能滞后化的转型阵痛期。这种结构性变化不仅直接影响当前粮食产能，更对农业绿色转型、技术升级构成根本性制约。农村女性劳动力占比提升对绿色技术效率的促进作用，本质上反映了农业生产组织形态的适应性变革。在男性劳动力持续外流的背景下，留守女性通过组建互助生产小组、引入小型农机具等方式重构生产模式。这种自组织创新使得精准施肥技术采纳率提升，生物农药使用量增加。但技术红利边际递减规律明显，女性主导的生产单元技术效率增速随着时间推移下降。这源于两大制约因素：一是女性受教育程度断层，制约数字农业技术应用；二是土地细碎化不利于发挥规模经济效应。当前农村劳动力老龄化趋势明显。老龄化劳动力的生产经验与现代技术形成独特耦合。老农对土壤墒情的精准判断使水肥一体化设备利用率提升，传统病虫害防治经验与智能监测系统相结合，使化学农药用量减少。但这种知识转化存在代际断层，制约物联网技术渗透。近年来在气候变化背景下，极端天气发生频率较 20 世纪明显提升，农业受灾面积增加，直接经济损失巨大。灾害冲击不仅破坏生产设施，更打断技术应用连续性：洪涝导致土壤传感器的损坏率增加，干旱使智能灌溉系统闲置率提高。因此，灾害率的增加不利于粮食生产绿色技术效率的提高。

四、本章小结

本章首先基于随机前沿生产函数，推导得出产出增长的理论分解，即产出增长可以分解为投入增长的加权和、调整的规模效应、技术进步和技术效率的增长四个部分。基于以上数理分析，根据研究目的和方法，设定超越对数随机前沿生产函数模型估计粮食绿色生产函数。其次介绍了本书实证分析过程中所使用的相关数据的来源。

本书使用 2001~2022 年除西藏外的 30 个省级行政区（不包括港澳台地区）共 660 个样本数的平衡面板数据，用一步法对模型进行估计。在对模型估计之前，为了使研究结果更加合理，对直接关系到研究结论正确与否的生产函数形式的设定进行了检验。具体包括：①选择 C-D 生产函数还是选择随机前沿生产函数；②生产函数是否考虑环境因素；③前沿技术进步是否存在；④前沿技术是否中性；⑤技术效率的影响因素是否存在；⑥技术效率是否存在时间效应。

根据检验结果可知，原假设均被拒绝。即：①一般的 C-D 型生产函数形式不适合本书的样本；②生产函数需要考虑环境因素；③在样本期间，粮食生产过程中存在着技术进步；④粮食生产的技术进步并不是希克斯非中性；⑤技术效应影响因素都是显著的；⑥技术效率具有明显的时间效应。

基于以上检验，本书进行相关分析。在样本均值点，劳动力和化肥的系数显著为负，表明在粮食生产的过程中存在着剩余劳动力，不利于粮食的生产。粮食播种面积都在 1% 的统计水平显著，表明化肥投入和粮食播种面积是中国粮食产量增加的重要原因，尤其是粮食播种面积的产出弹性较大。净碳源量对粮食生产的影响具有非线性。在技术非效率项中，女性化对粮食生产的影响为正，但会随着家庭收入等条件的变化，对粮食生产的贡献随着时间的推移会下降。老龄化变量在样本期间表现为有利于粮食生产技术效率的提高，其原因可能是，一方面，相对于青壮年劳动力，老龄化劳动力的粮食生产经验更加丰富，所以在一定程度上其高技能更有利于粮食产量的提高；另一方面，随着农村机械化程度的提高，老龄化劳动力更倾向于进行高度机械化的粮食作物的生产，而不是需要更多人力劳动的经济作物的生产，这样从事非农经济活动较少的老龄化劳动力有利于粮食生产效率的提高。但老龄化对粮食生产的时间效应为正，表明随着时间的推移，劳动力老龄化将不利于粮食生产。灾害率的回归系数为正，表明灾害率的上升不利于粮食技术效率的提高。

第六章
中国粮食生产的绿色技术效率分析

　　粮食产出增长要靠不断加强要素投入和提高粮食生产率来实现。粮食生产资源的稀缺性决定了粮食产出的持续增长最终来源于不断提高的生产效率。学术界关于中国粮食生产的研究有很多，不仅有定性研究，还有大量的定量研究。现有研究分别在全国层面、地区层面和农户层面进行了更加细致的分析。在全国层面，Chen 等（2003）不仅测算了要素产出弹性，而且还探析了影响技术效率的诸多因素，结果表明劳动和化肥的边际产品小于土地的边际产品，土地细碎化对效率具有决定性作用。乔世君（2004）使用中国 1992 年、1995 年和 1999 年的县（市）级数据对粮食生产的技术效率进行影响因素分析。黄金波和周先波（2010）则研究了粮食全要素生产率的变化方向。在地区层面，van den Berg 等（2007）分析了浙江省浦江县农田规模和农户由水稻生产转向蔬菜生产对水稻生产的影响。Feng（2008）研究了江西东北部三个村庄的土地租赁市场以及由此产生的土地租赁合同和非农就业对水稻生产技术效率的影响。张越杰等（2007）测算了吉林 8 个县（市）水稻生产效率。在农户层面，Tan 等（2010）运用农户、作物和地块层面的数据研究早稻和单季稻生产技术效率的决定因素，结果表明随着平均土地面积的增加，种植水稻的农户的生产技术效率更高。而 Chen 等（2013）利用面板数据和随机前沿函数，在农户层面分解了粮食产量和全要素生产率的增长，结果表明，在农户层面投入的增加是粮食增产的主要因素，而气候和农业政策对技术效率具有正的显著性影响。从以上研究可以看出，对中国粮食生产的技术效率的研究，仅考虑了粮食产量增长和资源节约之间的关系，而没有考虑在粮食生产过程中所产生的环境问题。因此本章将在第五章研究的基础上，利用2001~2022年省级平衡面板数据估算绿色技术效率。此外，将粮食生产的绿色技术效率和传统的技术效率进行了比较分析，并分析了其时空变化。最后，对粮食生产的绿色技术效率进行了收敛性分析。

一、中国粮食生产绿色技术效率的变动趋势

根据第五章的式（5-17）和式（5-18）得出表5-2中的模型估计结果，接着在表5-2中模型（1）以及式（5-16）的基础上，计算得出中国粮食生产的技术效率和绿色全要素生产率。为了更为全面地分析在加入环境因素的情况下中国粮食生产增长的情况，本书把考虑环境因素和不考虑环境因素的两种不同粮食生产的绿色技术效率和传统技术效率进行比较，以期得出更为全面的分析。同时，在空间上，按照大多数学者的划分方法，把中国分为东中西部三大区域进行分析，以便于发现区域粮食生产的不同模式。其中，东部省份包括北京（11）、天津（12）、河北（13）、山东（37）、辽宁（21）、上海（31）、江苏（32）、浙江（33）、福建（35）、广东（44）和海南（46）；中部省份包括吉林（22）、黑龙江（23）、山西（14）、安徽（34）、江西（36）、河南（41）、湖北（42）和湖南（43）；西部省份包括：广西（45）、四川（51）、重庆（50）、贵州（52）、云南（53）、陕西（61）、甘肃（62）、青海（63）、宁夏（64）、新疆（65）和内蒙古（15）。

表6-1比较了2001~2022年中国东中西部粮食生产的绿色技术效率和

传统技术效率的平均水平。根据表中的数据，所有的绿色技术效率的平均水平低于传统技术效率。例如，从全国层面来看，绿色技术效率为0.7827，而传统技术效率高于绿色技术效率，其年均值为0.7852。东中西部的绿色年均技术效率值分别为0.7532、0.7663、和0.8239，均高于东中西部的传统年均技术效率值0.7546、0.7685和0.8281。

表6-1　历年中国粮食生产绿色技术效率和传统技术效率比较

年份	绿色技术效率				传统技术效率			
	全国	东部	中部	西部	全国	东部	中部	西部
2001	0.7612	0.8228	0.7687	0.6940	0.7596	0.8281	0.7595	0.6913
2002	0.7730	0.8146	0.8043	0.7086	0.7704	0.8169	0.7943	0.7064
2003	0.7613	0.8118	0.7504	0.7188	0.7647	0.8292	0.7456	0.7140
2004	0.7892	0.8369	0.8015	0.7325	0.7936	0.8520	0.8013	0.7296
2005	0.7902	0.8250	0.8005	0.7480	0.7999	0.8407	0.8120	0.7502
2006	0.8036	0.8644	0.8388	0.7173	0.8102	0.8736	0.8457	0.7209
2007	0.8030	0.8613	0.8056	0.7428	0.8090	0.8699	0.8117	0.7461
2008	0.8165	0.8658	0.8320	0.7560	0.8276	0.8878	0.8387	0.7592
2009	0.8125	0.8596	0.8113	0.7662	0.8262	0.8840	0.8240	0.7701
2010	0.8283	0.8640	0.8405	0.7838	0.8491	0.8975	0.8639	0.7899
2011	0.8403	0.8853	0.8650	0.7774	0.8561	0.9129	0.8862	0.7774
2012	0.8587	0.8891	0.8807	0.8123	0.8792	0.9233	0.9031	0.8176
2013	0.8654	0.8943	0.8816	0.8246	0.8842	0.9263	0.9057	0.8264
2014	0.8652	0.8783	0.8901	0.8339	0.8860	0.9182	0.9166	0.8316
2015	0.8713	0.9046	0.8974	0.8190	0.8974	0.9420	0.9270	0.8312
2016	0.8703	0.9109	0.8871	0.8174	0.8998	0.9432	0.9227	0.8396
2017	0.8817	0.9309	0.8984	0.8205	0.9136	0.9613	0.9363	0.8494
2018	0.8892	0.9314	0.8996	0.8394	0.9215	0.9633	0.9403	0.8661

续表

年份	绿色技术效率				传统技术效率			
	全国	东部	中部	西部	全国	东部	中部	西部
2019	0.8966	0.9404	0.9056	0.8462	0.9279	0.9665	0.9464	0.8758
2020	0.8785	0.9315	0.8899	0.8172	0.9075	0.9598	0.9332	0.8365
2021	0.8942	0.9457	0.9049	0.8350	0.9289	0.9706	0.9539	0.8689
2022	0.9008	0.9450	0.9080	0.8514	0.9343	0.9709	0.9566	0.8815
均值	0.8387	0.8824	0.8528	0.7847	0.8567	0.9063	0.8738	0.7945

注：利用 Frontier4.1 软件对第五章中的式（5-17）和式（5-18）进行极大似然估计结果得出。

从全国粮食生产的平均技术效率来看，2001～2022 年中国粮食的绿色技术效率为 0.8387，而传统技术效率为 0.8567。这说明在考虑环境污染的情况下，技术效率丧失了 0.18%。这一结果表明，在计算技术效率时没有把环境这一重要因素考虑进去，那么所得出的研究结果并不能准确度量粮食生产对其他行业以及整个经济乃至整个社会福利的影响，甚至可能会进一步误导政策走向。就粮食生产而言，不能只追求单一的产量目标，这种做法势必会给环境带来一定的破坏作用。

绿色技术效率和没有考虑环境的传统技术效率的差异反映了环境因素对粮食生产力造成影响的大小。绿色技术效率高于传统技术效率，则说明粮食生产能够促进环境改善；反之，绿色技术效率低于传统技术效率，就说明粮食生产不仅不能促进环境改善，而且在生产过程中还破坏了周围的生态环境，存在效率损失。绿色技术效率和传统技术效率之差越大，说明粮食生产所造成的环境污染越严重，那么治理环境污染的成本也就相应越大；反之，绿色技术效率和传统技术效率之差越小，说明粮食生产所造成的环境污染越不严重，那么治理环境污染的成本也就相应越小。从表 6-1 可以看出，二者的技术效率差异在样本期内呈波动式上升状态，表明在粮食生产过程中因缺乏环境保护意识而过量使用现代物资，从而导致生态环境遭到破坏。随着生产者环境保护意识的增强，二者差异将趋于减少（陈耀邦，2010）。

从区域比较的角度来看，西部地区的绿色技术效率和传统技术效率均小于中部地区和东部地区的相应值，而中部地区的绿色技术效率和传统技术效率又小于东部地区的相应值。东中西部地区的绿色技术效率和传统技术效率都有提高的趋势。技术效率出现以上趋势可能的原因如下：首先，随着良种推广和数字化技术等在粮食生产中的应用，粮食生产效率普遍提升。其次，由于东中西部地区在财政能力等方面存在区域差异，因此粮食生产效率在各区域表现不同。相较于中西部地区，财政实力更强的东部地区，对农业基础设施和科技推广投入更大，技术推广体系更加健全，而中西部地区基层农技推广力度相对薄弱，技术"最后一公里"问题较突出。目前，农业技术推广体系存在显著的区域性发展失衡。东部地区凭借强大的财政支持能力，已构建起覆盖基层的完整技术服务体系，在基础设施建设、数字技术应用及科技人才培育等方面具有明显优势。相较之下，中西部地区受限于地方财政薄弱与社会资本参与不足，普遍面临农技推广网络不健全、服务载体短缺等现实困境。这种结构性差异导致技术应用效率梯度落差，中西部地区粮食生产技术的创新采纳率和转化率长期低于全国平均水平。破解这一困局需：①构建精准化的政策支持体系，重点强化中央财政专项转移支付的技术导向，建立粮食主产区技术补偿机制，促进智慧农业的发展。②完善区域技术协作平台，推动农业强省建立定向支援机制，通过人才交流和平台共享加速技术转移与扩散；着力培育本土化技术载体，加强基层农技人员定向培养，借助新型农业经营组织的示范效应，缩短技术扩散半径。③通过优化资源配置、健全服务网络、激活内生动力等系统性举措，逐步缩小区域技术应用差距，筑牢粮食安全根基。

二、中国粮食生产绿色技术效率收敛性分析

（一）文献回顾

Harrod（1939）、Domar（1946）、Solow（1956）以及 Swan（1956）发展和完善了经济增长理论。增长收敛是经济增长理论的核心内容之一。

1. 收敛的概念

收敛可以分为绝对收敛和条件收敛（Mankiw et al.，1992；Barro & Sala-i-Martin，1992）。前者指在同样的外生变量情况下，所有经济体都会收敛到同一个稳态；后者指现实中的每一个经济体处在不同的稳定状态。绝对收敛和条件收敛的概念都对应于新古典增长理论，且都有唯一的均衡状态，二者的主要差别表现在增长回归方程式的右侧有所不同。在回归方程式的右侧没有包含考虑各经济体条件差异的相关变量，则称为绝对收敛；在增长回归方程式的右侧包含了考虑不同经济个体条件差异的相关变量，则被称为条件收敛。另外，收敛也可以分为经济内部收敛和跨经济间收敛（Solow，1970）；β 收敛和 σ 收敛（Friedman，1992；Quah，1993）；经济增长率收敛和收入总量收敛（Islam，2003）；全局收敛和局部收敛（俱乐部）收敛（Durlauf & Johnson，1995；Galor，1996）等。

2. 收敛的研究方法

收敛检验研究方法大致经历了以下发展阶段：第一时期为比较静态分析第一阶段（Abramovitz，1956；Baumol，1986；Dowrick & Nguyen，1989；Wolff，1991）；第二时期为比较静态分析第二阶段（Barro，1991；Barro et al.，1991；Mankiw et al.，1992）；第三时期为动态面板数据模型（Islam，1995；Lee et al.，1997）；第四时期为分布动态研究方法

（Quah，1993）。从以往的文献中可以得出以下结论：①在更大的样本中没有绝对收敛现象。②在较大的样本中，条件收敛的速度较低。③在相近的样本中，会出现绝对收敛或条件收敛，并且收敛的速度较高（Islam，1995）。④在一个更大的样本中，往往会有两极分化的现象，具有较高发展程度的国家或地区会趋于一个较高水平的均衡状态，而那些落后的国家或地区也会趋同，不过是趋向于一个更低水平的均衡状态。因此，在发达国家或地区趋同的趋势更加明显（Ben-David，1998；范金和严斌剑，2008）。

3. 国内外收敛检验的实证研究

关于经济增长的收敛性，有 σ 收敛和 β 收敛两个概念（Barro et al.，1995）。前者指人均收入低于其稳态水平的经济体倾向于实现人均收入较快增加，后者指经济团体之间人均收入的离差倾向于不断缩小；前者是后者的必要但不充分条件。学者在理论研究的基础上，对经济增长收敛性展开实证检验，取得了丰富的研究成果。

（1）国外经济增长收敛实证研究。Baumol（1986）最早进行经济增长收敛性实证研究。但是，在 De Long（1988）来看，Baumol 实证工作的样本选择不全面，因此，进一步完善了相关研究，并得出所研究的 22 个样本不存在收敛性的结论。此后，关于经济收敛性研究层出不穷。Romer（1986）、Lucas（1988）、Barro 等（1991）、Barro 和 Sala-I-Martin（1992）、Mankiw 等（1992）、Mauro 等（1994）、Bernard 和 Durlauf（1995）、Quah（1996）、Ben-David（1998）、Preseott 和 Lawrence（1998）以及 Dalgaard（2003）均对经济增长的收敛性进行了相关分析。随着空间计量的发展，学者发现如果在进行检验时未考虑空间溢出效应，则估计结果将会出现偏差。由此，关于空间效应对经济增长收敛性影响的相关研究逐渐增多（Rey，2001；Arbia et al.，2006；Yu & Lee，2012）。

（2）国内经济增长收敛实证研究。我国在 20 世纪 90 年代初首次出现了关于中国经济收敛的文献。此后，经济增长的收敛性相关研究文献逐渐增加。这个现象的出现，一方面是源于学者对经济增长的不断探索，另一方面是出于应中国经济发展之需要。中国人口众多、经济总量宏大，各个地区之间的差异较大，因此为考察各区域经济增长的收敛性状况，对中国经济增长的收敛性检验的相关文献相对比较丰富。根据已有的研究成果可知，东中西部地区的经济增长在 20 世纪 80 年代处于收敛趋势，在 90 年代后期处于发散趋势（刘强，2001；沈坤荣和马俊，2002；刘夏明，2004）。至于东中西部收敛状况存在地区差异的原因，主要是人力资本、技术进步和发展战略等（林毅夫，2002）。研究方法为基于面板数据的 β 收敛和俱乐部收敛（林毅夫和刘明兴，2003；王志刚，2004）以及确定性收敛和随机性收敛研究（陈安平和李国平，2004）。也有相关研究基于时间序列分析法研究中国经济收敛性。通过时间序列分析法，李国平和陈安平（2004）认为我国东西部地区收敛，但是中部地区没有收敛，而陈安平和李国平（2004）的研究结果则表明，东部地区收敛而中西部地区不收敛。

在对中国经济的收敛性研究中，β 收敛的相关研究较多（Jian et al.，1996；滕建州和梁琪，2007）。魏后凯（1997）认为地区人均国民收入差距在 1952~1965 年以及 1965~1978 年经历了由缩小到变大的情况；1978 年以来，落后地区与高收入地区之间的差距不断缩小。对于 1978 年以后中国区域经济收敛的这个结论，申海（1999）持有相同观点，但刘木平和舒元（2000）、蔡昉和都阳（2000）的研究结果显示，中国区域经济增长并没有绝对的收敛，但通过引入人力资本禀赋、市场化程度、区域开放程度等控制变量进行条件回归，得出中国区域经济增长存在条件 β 收敛，且其收敛速度约为 2.5% 的结论。此外，刘强（2001）的研究结果表明，β 收敛性随着经济发展的进程而存在整体减弱、局部加强的特征。与以上研究的视角不同，林毅夫和刘培林（2003）主要研究国家发展战略对经济收敛的影响，研究表明，国家的发展战略选择是促使经济收敛的关键性变量。顾六宝（2005）则进一步用实际数据资料对收敛性进行模拟。随着空间计量的发展，国内对经济增长的收敛性的相关分析也采用了空间计量模型的相关方法，如吴玉鸣（2006）和张学良（2009）等把地理和空间因素纳入到研究中。但是，与以上的研究结论不同，对于收敛也有学者得出了不同的研究结论（王志刚，2004；项云帆和王少平，2007；郭爱君和贾善铭，2010）。杨伟民（1992）、林光平等（2006）则详细研究了我国经济 σ 收敛性状况。俱乐部收敛用来分析邻近的、具有相似结构特征的区域之间的收敛情况。根据蔡防和都阳（2000）的研究成果，中国经济在事实上形成了东部、中部和西部三个增长俱乐部。Zhang 等（2001）、沈坤荣和马俊（2002）、王铮和葛昭攀（2002）的研究也得出了和以上研究相似的结论。但林毅夫和刘培林（2003）的研究表明，西部地区不存在俱乐部收敛。

此外，现有文献也对中国农业的收敛性进行了相关分析但中国农业的 β 收敛性分析的结论并不统一。有研究认为我国农业存在条件收敛（韩晓燕和翟印礼，2005；付翔，2007；胡岩岩，2010），也有研究表明存在绝对收敛（郭军华和李帮义，2009）。关于中国农业生产率 σ 收敛性研究，有研究结果表明不存在 σ 收敛（赵蕾等，2007），也有学者持相反的观点，认为存在 σ 收敛（曾先峰和李国平，2008）。近年来，一些学者对中国的粮食生产率的收敛性进行了相关研究。高帅和王征兵（2012）利用 Malmquist 指数以及 β 收敛分析方法，利用 2003~2010 年陕西省 32 个县的相关数据，验证了各区域间粮食生产的全要素生产率不存在收敛趋势。张海波（2012）在测算我国粮食主产区的农业全要素生产率时，使用标准差和变异系数作为 σ 收敛的检验变量，结果表明粮食主产区农业全要素生产率水平之间的差距在"六五"到"十一五"期间呈现逐年扩大的趋势。张海波（2012）还进一步对我国粮食主产区的农业全要素生产率进行了绝对 β 收敛检验和条件 β 收敛检验，前者的检验结果显示全要素生产率具有明显的发散趋势，而后者的检验结果显示全要素生产率存在条件收敛。马林静等（2015）利用经典收敛回归模型验证了我国粮食生产技术效率的收敛性，结果表明，在研究期限内，粮食主产区平均技术效率最高，这主要得益于较高的规模效率水平；整个国家的粮食技术效率表现出缓慢提高的趋向；全国和粮食主产区、平衡区粮食生产效率存在 σ 收敛、绝对 β 收敛和

条件 β 收敛，省份之间的技术效率差距会慢慢缩小，同时各省份自身的效率水平也逐渐趋于稳态，而主销区只显示 σ 收敛和条件 β 收敛特征，不存在绝对 β 收敛，所包含的省份并没有趋向于一个相同的效率水平，但是各个省份都会向自身的稳态水平收敛。

现有文献基于不同分析方法对中国的经济增长、农业发展以及粮食生产的收敛性分别进行了不同类型的收敛性检验。关于农业全要素生产率，以上研究仅测算了传统农业的全要素生产率，并没有纳入环境要素。韩海彬和赵丽芬（2013）最早运用单元调查评估法对农业污染进行了估算，并借助 Malmquist-Luenberger 指数法把环境要素包含在农业全要素生产率的研究范围，结果显示，在考虑环境因素的情况下，全国农业的全要素生产率均具备 σ 收敛以及绝对 β 收敛的特征，只不过 σ 的收敛性明显不稳定。

（二）绿色技术效率收敛性分析

由前文绿色技术效率的研究结果可知，中国粮食生产技术效率存在较大的空间非均衡性，各区域的技术效率是否趋向于相同效率水平，即是否出现了新古典经济理论所认为的收敛现象是本章接下来研究的另一个问题。增长的收敛性一般分为 σ 收敛和 β 收敛。σ 收敛指在不同的经济区域个体产出或收入的分散程度随时间的推移而逐渐降低，通常采用标准差、变异系数和 Theil 指数进行分析，它能够直观地反映出区域间的差距是否缩小。β 收敛指在期初处于水平较低的个体的增长率高于在期初处于水平较高个体的增长率，体现了落后者向发达者追赶的过程。β 收敛可以分为绝对 β 收敛和条件 β 收敛两种情况。σ 收敛和绝对 β 收敛都属于绝对收敛的概念范畴，它预示每个个体的产出或收入水平都会达到相同的稳态增长速度和增长水平。相较而言，条件收敛考虑了各个经济体的条件差异，因此不会向相同的稳态进行收敛而是向各自不同的稳态进行收敛。此外还有随机收敛和俱乐部收敛。本书主要对粮食生产技术效率的 σ 收敛和 β 收敛进行检验。

从前一部分对中国各地区粮食生产绿色技术效率的分析可知，中国各地区的粮食生产技术效率存在着较大的差异。这种差异在研究期间是扩大了，还是缩小了，以及随着时间的推移这些差异会发生变化吗？明确以上差异的时间演变趋势，对于制定相关的粮食产业政策，提高粮食生产能力具有重要的实践意义。因此，本章的重点就是研究这种差异性在研究期间的变化趋势，即对其进行收敛性检验和动态演进趋势分析，为中国粮食生产的绿色技术效率提供支撑。

1. 中国粮食生产绿色技术效率的 σ 收敛检验

σ 收敛检验用来研究某个变量差异的分布状况，常用的指标包括标准差、方差和变异系数。基于前文关于技术效率的估计结果，本书选择绿色技术效率的标准差对全国和东中西部地区的绿色技术效率进行收敛性检验。本书建立的 σ 收敛计量模型如下：

$$STD(TE_{it}) = \sigma_0 + \sigma_1 year + \mu_{it} \tag{6-1}$$

其中，$STD(TE_{it})$ 是指 t 年 i 省份粮食生产技术效率的标准差。σ_0 是常数项，$year$ 是时间变量，μ_{it} 是随机扰动项。如果参数 $\sigma_1 < 0$ 且通过显著性检验，则表明从基期年到 t 年粮食生产的绿色技术效率的差异随着时间的推移在不断地缩小，即存在着 σ 收敛；如果参数 $\sigma_1 > 0$ 且通过显著性检验，则表明从基期年到 t 年粮食生产的绿色技术效率的差异随着时间的推移在不断地扩大，即不存在 σ 收敛；如果参数 $\sigma_1 = 0$，则表明中国粮食生产的绿色技术效率的差异没有发生变化，一直维持在原来水平上。

从表 6-2 的回归结果可知，在全国层面上，对于粮食生产的绿色技术效率，σ_1 的值为负，且通过了在 1% 的显著性水平的检验，说明在全国层面上粮食生产的绿色技术效率有显著的变化趋势，而且内部的差距在不断地缩小，进一步表明其存在 σ 收敛。从分地区的检验结果可以看出，东中西部地区的 σ_1 值均为负，并且都通过了显著性检验。东部地区的 σ_1 值为 -0.0046、中部地区的 σ_1 值为 -0.0042、西部地区的 σ_1 值为 -0.0002。东中部地区的回归系数在 1% 的水平显著，西部地区的回归系数在 5% 的水平显著。以上回归结果表明，东中西部地区粮食生产的绿色技术效率存在

σ 收敛，其内部差距都在不断缩小。

表 6-2　2001~2022 年中国粮食生产绿色技术效率的 σ 收敛检验结果

解释变量	全国	东部	中部	西部
σ_0	0.1264 *** (0.0004)	0.1220 *** (0.0009)	0.1450 *** (0.0020)	0.1044 *** (0.0010)
σ_1	−0.0024 *** (0.00003)	−0.0046 *** (0.0001)	−0.0042 *** (0.0001)	−0.0002 ** (0.0001)
R-sq	0.8539	0.9571	0.8671	0.0138
样本数	660	242	176	242

注：***、** 和 * 分别表示在 1%、5% 和 10% 的水平显著，括号内为标准误。

从表 6-2 可以看出，在考虑环境因素的情况下，随着时间的延伸和发展，全国的绿色技术效率以及东中西部三大区域的绿色技术效率的差距均会逐渐缩小，并且这种趋势在西部地区更加明显。其可能的原因是：在全国层面和东中部地区，随着经济发展水平的提高，粮食绿色生产技术创新能力、推广能力以及扩散能力有很大提升。环保意识和环境治理能力持续提高。从而使粮食生产绿色技术效率在期初较高地区向期初较低地区进行扩散，并出现趋同趋势。而不是出现在期初的粮食生产绿色技术效率高的地区继续增高，在期初的粮食生产绿色技术效率较低的地区继续降低的现象。此外，近年来西部地区在国家各项支农政策的支持下，粮食生产技术得到进一步的引进和扩散，有利于地区内部粮食生产绿色技术效率差距的缩小。

2. 中国粮食生产绿色技术效率的绝对 β 收敛检验

绝对 β 收敛本书是指各个省份粮食生产的绿色技术效率最终达到完全相同的稳态增长速度和增长水平，即绝对 β 收敛是指各个省份的粮食生产绿色技术效率的稳态水平相同。根据以往研究成果，对粮食生产的绿色技术效率进行绝对 β 收敛检验时，可以采用截面数据和面板数据来进行相关检验。但是由于截面数据存在的异质性问题而导致估计结果有偏，故采用面板数据对粮食生产的绿色技术效率收敛性进行研究以保证估计结果更加准确。本书建立的绝对 β 收敛检验计量模型如下：

$$\Delta TE_{it} = \beta_0 + \beta_1 TE_{i2001} + \varepsilon_{it} \tag{6-2}$$

其中，ΔTE_{it} 是指第 i 个省级行政单位 2001～2022 年粮食生产的绿色技术效率的年均增长率。β_0 是常数项，ε_{it} 是随机扰动项。如果参数 $\beta_1 < 0$ 且通过显著性检验，则表明该期间粮食生产的绿色技术效率存在着 β 收敛。

表 6-3 显示了整个样本期间内在全国层面粮食生产绿色技术效率 β 收敛系数为 -0.0836，在 1% 的显著性水平收敛。以上回归结果表明，与粮食生产绿色技术效率较高的省份相比，2001 年粮食生产绿色技术效率较低的省份在样本期实现了更快的增长。分地区来看，东中西部地区粮食生产的绿色技术效率的 β 收敛系数分别为 -0.1295、-0.1552 和 -0.0581，分别在 1%、5% 和 5% 的显著性水平收敛。

表 6-3　2001～2022 年中国粮食生产绿色技术效率的 β 收敛检验结果

解释变量	全国	东部	中部	西部
β_0	0.0797*** (0.0157)	0.1238*** (0.0276)	0.1444** (0.0283)	0.0550** (0.0158)
β_1	-0.0836*** (0.0171)	-0.1295*** (0.0298)	-0.1552** (0.1475)	-0.0581** (0.0181)
R-sq	0.0602	0.1051	0.1248	0.0290
样本数	630	231	168	231

注：***、** 和 * 分别表示在 1%、5% 和 10% 的水平显著，括号内为标准误。

根据全国及东中西部地区的 β 收敛系数测算结果可知，中国粮食生产绿色技术效率呈现显著但差异化的收敛特征。中部地区收敛速度最快，超过全国平均速度，反映出长江经济带、黄淮海平原等粮食主产区技术扩散效应显著；东部地区虽系数绝对值较大，但其技术效率基数较高，边际提升空间收窄；西部地区由于受到地形约束以及人力资本水平限制，收敛系数最低。收敛差异折射出技术扩散的梯度效应：中部地区作为技术跃升带，受益于新型经营主体培育和高标准农田建设等政策红利，形成技术追赶加速度；东部地区进入精耕阶段，其收敛更多依赖数字技术渗透带来的效率改进；西部地区则受制于要素流动壁垒，农机跨区作业成本较中部高，导致技术外溢效应衰减。值得关注的是，全国收敛系数低于各区域单独测算值，表明区域间技术效率差距仍在扩大，这种区域内收敛、区域间分化的悖论，源于要素市场如土地流转市场分割（省际土地）和技术适配性差异。为促进技术扩散及技术渗透，需构建差异化技术推进机制。中部地区需要强化技术扩散通道建设，西部地区需要加大适应性技术供给。此外，可形成跨区域技术联盟以促进技术空间溢出效应。

由 σ 收敛和绝对 β 收敛的分析结果可知，中国粮食生产的绿色技术效率既存在 σ 收敛，也存在绝对的 β 收敛。这说明期初粮食生产绿色技术效率较低的地区增长速度高于期初粮食生产绿色技术效率较低的地区，并且随着时间的推移，粮食生产的绿色技术效率的差距出现趋同趋势，即粮食生产的绿色技术效率的实际差距在缩小。

中国粮食生产绿色技术效率的 σ 收敛与绝对 β 收敛并存现象，本质上是制度性干预与技术溢出共同作用的结果。中央财政近来累计投入数万亿元农业生态补偿资金，使西部地区技术效率增速超过东部地区。农业产业化龙头企业的跨区域布局，加速了智能灌溉、生物防控等技术的空间扩散。在 σ 收敛层面，地理梯度特征显著。东部沿海地区因数字基建完善，省际效率差异下降；而西南丘陵地区受地形限制，仍维持较高差异。绝对 β 收敛则呈现出资源禀赋导向的分化：长江中游地区展现出强收敛性，源于鱼米之乡的生态优势与职业农民培育形成协同效应；东北黑土区却呈现收敛迟滞，大规模机械化形成的路径依赖抑制了小农户技术扩散的动力。双重收敛并存折射出技术进步的现实矛盾。粮食生产的通用技术普及推动 σ 收敛，但专用技术适配性差异导致绝对 β 收敛受限。例如，水肥一体化技术在华北平原提升粮食生产效率效果显著，而在喀斯特地貌区因土壤渗透性强其效果不明显。为促进绿色技术效率的协同推进，需构建分层收敛促进体系。在 σ 收敛维度，设立区域性技术适配中心，重点突破地形约束型技术瓶颈。针对绝对 β 收敛，实施后发优势，对技术效率提升速度超过全国均值的区域给予专项补贴支持。此外，建立气候韧性技术清单，设计区域定制化气候问题解决方案，如西南地区推广抗逆杂交稻种以提高作物的耐旱性。通过制度创新打通技术扩散堵点，才能实现绿色效率的实质性趋同，筑牢大国粮仓的生态根基。

3. 中国粮食生产绿色技术效率的条件 β 收敛检验

证明条件 β 收敛通常有两种方法：一是将绝对 β 收敛等式的右侧添加体现经济体差异性的相关变量，倘若在这种情况下 β 收敛系数依然是负数，并且还能够在检验中显著，则说明存在条件 β 收敛；二是以 Miller 和 Upadhyay（2002）为代表的学者提出来的一种简易方法：面板数据固定效应模型。第一种方法由于控制变量的选取条件和选取数量难以控制，容易造成回归结果的不准确而存在缺陷。第二种方法由于本身就表示各个经济体有不同的稳态条件，因此无需加入控制变量。第二种方法的优点是：能够避免遗漏解释变量和解释变量选择的主观性，使研究结果更加客观（彭国华，2005）；通过设定个体固定效应和时间固定效应，不仅能够考虑不同省级行政单位因自身条件差异而具有不同的稳态值，而且能够考虑个体自身稳态值随时间推移而发生的变化（潘丹，2013）。因此，本书采用第二种方法对中国粮食生产的绿色技术效率进行条件 β 收敛检验。

采用面板数据的双向固定效应模型对中国各省级行政单位粮食生产的绿色技术效率进行条件 β 收敛检验，其模型设定如下：

$$\ln TE_{i,t}-\ln TE_{i,t-1}=\alpha+\beta\ln TE_{i,t-1}+\mu_i+\lambda_t+\varepsilon_{i,t} \tag{6-3}$$

其中，α 为常数项，$\ln TE_{i,t}$ 为中国各省份 i 在 t 年粮食生产的绿色技术效率的对数值，$\ln TE_{i,0}$ 为中国各省份 i 的初始粮食生产的绿色技术效率的对数值，β 为其系数值，μ_i 为个体固定效应，λ_t 为时间固定效应，$\varepsilon_{i,t}$ 为随机误差项。式（6-3）中，如果 β 为负值且显著，则表明粮食生产的绿色技术效率存在条件 β 收敛，即中国粮食生产的绿色技术效率存在向自身稳定状态发展的趋势。

从表 6-4 可知，在考虑了个体固定效应和时间固定效应后，全国和东中西部地区包括环境因素的 2001~2022 年中国粮食生产的绿色技术效率的条件 β 收敛系数都为正且分别通过了 1%、1%、10% 和 1% 的显著性水平检验。这表明无论是在全国层面还是在东中西部地区，中国粮食生产的绿色技术效率都不存在条件 β 收敛，即全国和东中西部地区的绿色技术效率都未向自身的稳态均衡水平收敛，所以粮食生产的绿色技术效率增长的差距一直存在。

表 6-4　中国粮食生产绿色技术效率的条件 β 收敛检验

解释变量	全国	东部	中部	西部
α	-0.1933*** (0.0244)	-0.1966*** (0.0297)	-0.2157 (0.1189)	-0.1258*** (0.0346)
β	0.2653*** (0.0483)	0.2312*** (0.0712)	0.3125* (0.1475)	0.1981*** (0.0566)
R-sq	0.0405	0.1089	0.1578	0.1468
个体固定效应	是	是	是	是
时间固定效应	是	是	是	是
观察个数	630	231	168	231

注：***、** 和 * 分别表示在 1%、5% 和 10% 的水平显著，括号内为标准误。

条件 β 收敛理论源于新古典经济增长理论，主要用来研究在控制初始禀赋差异的情况下，经济体能否通过技术扩散等机制实现发展差距的收敛。表 6-4 的研究结果表明，全国及东中西部地区粮食生产绿色技术效率的收敛系数显著为正，意味着各区域并未向自身稳态水平趋近，反而形成效率提升的路径依赖。这表明生产效率较高的东部地区并未对中西部地区产生技术溢出效应，反而因资源集聚优势持续扩大领先差距。这种现象打破了传统技术扩散的涓滴效应的理论预期，说明农业绿色转型中区域壁垒的客观存在。一是要素配置的结构性失衡。东部地区依托市场化改革先发优势，形成了资本和技术密集型生产模式。进一步地，东部地区农业科技投入强度远超中西部地区。这种要素配置差异导致节水灌溉、精准施肥等绿色技术在中西部地区难以规模化应用，形成技术应用断层。水土资源禀赋的空间分布强化了技术效率的路径依赖。黄淮海平原通过地下水位监测系统实现灌溉效率显著提升，而西南地区因地形分散化，不仅导致绿色技术推广成本高，而且使得技术采纳率较低。效率差距扩大将导致中西部传统农业区陷入低水平锁定状态，进而影响国家粮食产能的稳定性。为了维持产量增值功能，中西部地区可能被迫增加化肥施用强度，进而与其生态脆弱性的地理特征形成尖锐矛盾。绿色效率差异驱动农业劳动力持续东移，加剧了土地流转滞后与技术采纳意愿下降的恶性循环。二是构建梯度化技术扩散体系。当前，我国农业绿色转型已进入攻坚期，破解区域效率收敛困境需要系统性的制度创新。只有通过构建兼顾效率与公平的区域协同发展机制，才能实现粮食安全、生态安全与农民增收的多重政策目标。为了破解技术扩散面临的困境，需要针对不同生态区制定技术适配清单，建立国家级农业绿色技术创新中心、区域示范园区以及县域推广站三级技术推广网络，以强化粮食绿色生产的科技支撑，实现农业绿色发展。创新区域补偿机制，设计跨区域的生态服务价值交易制度，允许东部省份通过购买中西部地区碳汇指标的方式建立技术转移基金。完善差异化政策工具箱，对中西部地区实施技术采纳补贴和风险补偿等政策，将绿色技术应用与农业保险保费补贴挂钩。同时建立东中西部技术协作联盟，推行人才交流和专利共享机制。

三、本章小结

本章采用随机前沿生产函数测算得到不涉及环境要素的粮食生产传统技术效率，之后估算出纳入环境要素的粮食生产绿色技术效率，在此基础上对这两种技术效率进行了比较。结果表明，无论是从全国来看，还是从东中西部三大区域来看，考虑环境因素的绿色技术效率的平均水平低于传统技术效率的平均水平。中国粮食生产的目标在很大程度上仍然比较关注单一的产量目标。从区域比较的角度来看，东部地区的粮食生产绿色技术效率和传统技术效率均大于中部地区和西部地区的相应值，而西部地区的技术效率又小于中部地区的相应值，但东中西部地区的绿色技术效率和传统技术效率都有提高的趋势。不同时间、不同地区的粮食生产技术效率会有所不同。

本章运用新古典经济学的收敛假说来具体验证中国粮食生产绿色技术效率的收敛情况。首先，选择绿色技术效率的标准差对全国和东中西部地区的绿色技术效率进行 σ 收敛性分析。结果表明，从全国及东中西部三大区域来看，中国粮食生产的绿色技术效率总体上表现出了 σ 收敛。其次，为了克服截面数据的异质性问题而导致估计结果有偏，采用面板数据对粮食生产的绿色技术效率的 β 收敛性进行相关研究。结果表明，从全国及东中西部三大区域来看，中国粮食生产的绿色技术效率总体上表现出了 β 收敛。最后，采用面板数据的双向固定效应模型对中国各省份粮食生产的绿色技术效率进行条件 β 收敛检验。结果表明，无论是在全国层面还是在东中西部地区，中国粮食生产的绿色技术效率均不存在条件 β 收敛，即全国和东中西部地区的绿色技术效率都未向自身的稳态均衡水平收敛，所以粮食生产的绿色技术效率增长的差距才一直存在。

第七章

中国粮食生产绿色全要素生产率分解

一、考虑环境因素的要素产出弹性和成本份额

利用表4-3中模型（1）的估计结果和式（4-20）和式（4-24），得到表7-1中劳动力、化肥、播种面积和净碳源量的平均产出弹性 e_L、e_F、e_A、e_C。通过利用表4-3中模型（1）的估计结果以及式（4-12）和式（4-25），得到表7-1中劳动力、化肥、播种面积和净碳源量的成本份额 r_L、r_F、r_A 和 r_C。

表7-1　2001~2022年中国粮食投入要素产出弹性和成本份额

年份	产出弹性					成本份额			
	e_L	e_F	e_A	e_C	e	r_L	r_F	r_A	r_C
2001	−0.0520	0.0459	0.9806	0.0268	1.0012	−0.0519	0.0458	0.9794	0.0267
2002	−0.0391	0.1661	0.9015	−0.0071	1.0214	−0.0383	0.1626	0.8826	−0.0069
2003	−0.0832	0.1955	0.9213	−0.0201	1.0135	−0.0821	0.1929	0.9091	−0.0199

年份	产出弹性					成本份额			
	e_L	e_F	e_A	e_C	e	r_L	r_F	r_A	r_C
2004	0.0366	0.2179	0.8095	-0.0352	1.0288	0.0356	0.2118	0.7868	-0.0342
2005	-0.0308	0.1843	0.8854	-0.0148	1.0241	-0.0301	0.1800	0.8645	-0.0144
2006	0.0989	0.2682	0.7155	-0.0598	1.0228	0.0967	0.2622	0.6996	-0.0584
2007	-0.0634	0.0679	0.9732	0.0290	1.0067	-0.0630	0.0675	0.9667	0.0288
2008	-0.1242	0.1078	1.0000	0.0334	1.0170	-0.1222	0.1060	0.9833	0.0329
2009	-0.1581	0.1211	1.0257	0.0287	1.0174	-0.1554	0.1191	1.0081	0.0282
2010	-0.1715	0.0509	1.0778	0.0547	1.0119	-0.1695	0.0503	1.0652	0.0540
2011	-0.1588	0.1298	1.0175	0.0305	1.0190	-0.1559	0.1274	0.9986	0.0299
2012	-0.2611	0.0615	1.1564	0.0659	1.0228	-0.2552	0.0602	1.1306	0.0644
2013	-0.2458	0.0449	1.1476	0.0637	1.0104	-0.2433	0.0444	1.1358	0.0631
2014	-0.2891	-0.0059	1.2128	0.0911	1.0089	-0.2865	-0.0058	1.2021	0.0903
2015	-0.3092	-0.0620	1.2647	0.1062	0.9997	-0.3093	-0.0620	1.2651	0.1062
2016	-0.2853	-0.0677	1.2407	0.0989	0.9865	-0.2892	-0.0686	1.2576	0.1002
2017	-0.2998	0.0211	1.1987	0.0679	0.9879	-0.3035	0.0214	1.2134	0.0687
2018	-0.3233	0.0137	1.2139	0.0669	0.9712	-0.3329	0.0141	1.2499	0.0689
2019	-0.2810	0.0835	1.1176	0.0349	0.9550	-0.2943	0.0875	1.1702	0.0366
2020	-0.3997	-0.1003	1.3511	0.1424	0.9934	-0.4024	-0.1010	1.3600	0.1433
2021	-0.2809	-0.1939	1.3126	0.1857	1.0234	-0.2745	-0.1894	1.2825	0.1814
2022	-0.1760	-0.0002	1.0804	0.0953	0.9994	-0.1761	-0.0002	1.0810	0.0954
均值	-0.1771	0.0614	1.0729	0.0493	1.0065	-0.1774	0.0603	1.0678	0.0493

根据要素产出弹性系数可知，粮食生产中劳动力投入的产出弹性为负值且随时间推移系数逐渐变小。以上现象的成因包含双重机制：一方面，随着城镇化与工业化进程的推进，在城市拉力及农村推力的双重作用下，农村劳动力持续外流导致务农人口老龄化加剧，劳动生产率下降。另

一方面，随着机械化水平的提高，机械对劳动的替代效应显现，导致传统人力投入的边际贡献持续弱化。而化肥产出弹性呈现倒 U 形轨迹印证了要素边际报酬递减规律以及化肥的环境阈值效应：化肥的适量施用，将提高产量，但当化肥施用量超过临界值时，土壤板结化导致单产下降，进而导致面源污染，从而使得化肥边际产出低于环境治理成本，形成增产不增收的恶性循环。播种面积产出弹性持续攀升凸显土地要素的不可替代性。但受 18 亿亩耕地红线约束，实际播种面积年均增幅较小，导致单位面积产出压力倍增。这种矛盾在东北黑土区尤为突出，玉米连作导致的土壤有机质含量下降使单产提升难度增加。净碳源量弹性由负转正，标志着粮食生产系统从碳汇向碳源的质变。

粮食生产要素的产出弹性与成本份额数据显示，四类投入要素呈现显著的结构性失衡：劳动力、化肥、播种面积及净碳源量的产出弹性系数均大于 1，理论上应呈现规模报酬递增特征，但成本份额的异常分布揭示了要素配置的深层矛盾。播种面积成本占比高，远超其他要素总和，表明土地要素已成为粮食生产的核心成本约束。这一现象与产出弹性持续攀升形成鲜明反差——土地的高投入虽能撬动显著增产，但其边际成本增速远超粮食价格涨幅，导致增产不增收的效益困境。土地租金等刚性成本持续上涨，挤压其他要素优化空间，而农产品价格支持政策难以抵消生产成本上升的压力，进而威胁到粮食安全根基。重构要素价格形成机制。

为促进粮食生产要素的合理配置，充分发挥市场的调节作用，需要进行粮食生产技术创新来替代土地等生产要素。重点发展节地型生产技术，推广垂直农业、间套作等技术提升土地复合利用率。通过生物育种技术提高粮食作物单产，降低对农地的增产压力。进一步完善粮食全产业链的价值分配体系，发展粮食生产、精深加工、仓储物流等全产业链的深度融合模式，使生产环节分享加工和流通环节增的值收益，从而增加种粮主体的经济收益，提高种粮积极性。因此，破解要素配置的结构性矛盾，需要建立市场机制与政策干预的协同框架，通过技术创新重构生产要素组合效率，最终实现粮食安全、农民增收与生态安全的有机统一。

从表 7-1 可以看出，在中国粮食生产过程中，劳动力的投入产出弹性为负，在样本期间年均产出弹性为 -0.1771，但随着时间的推移，劳动力的产出弹性在不断地变小。化肥的年均产出弹性为 0.0614，其初期呈现上升趋势，随后经历剧烈波动，中期逐渐下降，后期进入负值区域，在样本末期出现大幅下跌后略微回升。粮食播种面积的产出弹性最大，且呈不断变大的趋势，表明播种面积对产量增加的影响较大，且这种影响随着时间的推移越加重要。净碳源量的产出弹性较小，但随着时间的推移弹性由负变正，其年均产出弹性为 0.0493。把表 7-1 中劳动力等四种投入要素的产出弹性进行加总，得到第 6 列的规模报酬。表 7-1 中的后四列表明，四种投入要素的成本份额的平均值分别为 -0.1774、0.0603、1.0678 和 0.0493。从中可以看出，在中国粮食生产过程中，播种面积的成本份额最大。对于通常的农产品，其市场价格上涨的幅度通常远远赶不上其成本上涨的幅度，农业效益越来越差（程国强和朱满德，2014；李立辉和曾福生，2016）。

二、考虑环境因素的投入增长效应和规模效应

表 7-2 为劳动力、化肥、播种面积和净碳源量四种要素的加权投入增长效应和调整的规模效应。四种投入要素的加权投入年均增长分别为 -0.0367、0.0283、0.0182、0.0144，而总投入的增长为年均 0.0242，规模效应的年均增长率为 -0.0011。表 7-2 中的最后一列调整的规模效应是投入增长效应和规模效应的乘积。

表 7-2　2002~2022 年投入要素的增长效应和规模效应

年份	投入增长效应					规模效应	
	$r_L \dot{L}$	$r_F \dot{F}$	$r_A \dot{A}$	$r_C \dot{C}$	$\dot{S}$	$e-1$	$(e-1) \dot{S}$
2002	0.0095	0.4262	−0.0712	0.0087	0.3732	0.0214	0.0080
2003	−0.0927	0.0342	0.0200	−0.0367	−0.0752	0.0135	−0.0010
2004	−0.0513	0.0243	−0.0955	−0.0255	−0.1481	0.0288	−0.0043
2005	0.0553	−0.0277	0.0811	0.0084	0.1170	0.0241	0.0028
2006	−0.4071	0.1192	−0.1342	−0.1777	−0.5998	0.0228	−0.0137
2007	0.1033	−0.0504	0.3482	−0.0427	0.3584	0.0067	0.0024
2008	−0.1173	0.0623	0.0270	0.0051	−0.0229	0.0170	−0.0004
2009	−0.0423	0.0147	0.0259	−0.0040	−0.0057	0.0174	−0.0001
2010	−0.0144	−0.0292	0.0541	0.0491	0.0596	0.0119	0.0007
2011	0.0115	0.1975	−0.0559	−0.0132	0.1399	0.0190	0.0027
2012	−0.1643	−0.0316	0.1544	0.0748	0.0332	0.0228	0.0008
2013	0.0142	−0.0120	−0.0087	−0.0021	−0.0085	0.0104	−0.0001
2014	−0.0505	0.0066	0.0683	0.0387	0.0631	0.0089	0.0006
2015	−0.0215	−0.5929	0.0541	0.0177	−0.5426	−0.0003	0.0002
2016	0.0223	−0.0063	−0.0239	−0.0069	−0.0147	−0.0135	0.0002
2017	−0.0154	−0.0281	−0.0411	−0.0215	−0.1062	−0.0121	0.0013
2018	−0.0260	−0.0050	0.0159	−0.0010	−0.0161	−0.0288	0.0005
2019	0.0385	0.4470	−0.0928	−0.0175	0.3751	−0.0450	−0.0169
2020	−0.1700	0.2222	0.2841	0.4407	0.7771	−0.0066	−0.0051
2021	0.0816	−0.1768	−0.0365	0.0551	−0.0766	0.0234	−0.0018
2022	0.0658	0.0002	−0.1913	−0.0464	−0.1717	−0.0006	0.0001
均值	−0.0367	0.0283	0.0182	0.0144	0.0242	0.0067	−0.0011

注：劳动力、化肥、播种面积和净碳源量的成本份额 r_L、r_F、r_A 和 r_C 来自表 7-1。

三、考虑环境因素的产出增长及全要素生产率分解

（一）粮食产出增长

在"双碳"目标与粮食安全双重约束下，中国粮食生产体系正经历发展范式的根本性转变。通过分解 2000~2022 年粮食产出增长来源发现，全要素生产率年均增长 0.1102 个百分点，对产出增长的贡献率较高，而传统要素投入对粮食产出的贡献下降。这一结构性演变标志着粮食生产已突破要素依赖陷阱，初步形成以质量效益为核心的新型增长模式。分子育种、精准农业等核心技术的突破，使主要粮食作物单产提升速度突破瓶颈。以水稻为例，第三代杂交稻技术使亩产进一步提高。规模报酬年均增长 0.0447，折射出新型经营主体的整合效应。随着家庭农场、合作社等规模经营主体占比增加，通过土地连片经营，使粮食生产机械化作业效率提升，单位面积农资成本下降，进而降低粮食生产成本。技术效率年均增长仅 0.0099，暴露出粮食生产过程中技术转化应用的"最后一公里"问题，是制约我国粮食生产绿色技术效率提升的核心瓶颈。

中国粮食生产体系已成功跨越要素投入驱动阶段，步入全要素生产率主导的新发展阶段。但在粮食产业转型过程中暴露出的技术效率失衡、绿色收益外溢等问题，需通过制度创新加以破解。未来应着力构建技术创新、组织变革和政策支持三位一体的发展框架，在保障粮食安全的同时实现生产方式的绿色低碳转型。着力打通基础研究、技术推广与扩散的创新链条，解决农业技术创新体系中存在的研发强、转化弱的结构性矛盾，真正释放农业科技的生产力潜能。创新绿色生产要素定价机制，将碳汇价值纳入粮食生产成本核算体系，试点农业碳票交易制度，探索碳票交易的实

践模式，以实现农业的绿色发展。为充分发挥农地经营规模对粮食产量的作用，可通过完善农地流转制度，促进农地市场化流转，同时通过建立规模经营主体融资担保基金等途径健全规模经营风险分散体系。此外，需要建立粮食主产区生态补偿长效机制，最终形成质量效益与可持续发展良性互促的新格局。

　　表7-3为2002~2022年考虑环境因素的粮食产出增长和全要素生产率增长的分解。在样本期间，技术进步、规模报酬、技术效率和全要素生产率的年均增长率分别为0.0557、0.0447、0.0099和0.1102。可以看出，全要素生产率的变动主要由技术进步变动所导致。此外，在样本期间，劳动力、化肥和粮食播种面积等要素投入的增长较大，年均增长率为0.0242。从表7-3可以计算得出，技术进步对粮食增长的贡献为41.4060%，规模报酬对粮食增长的贡献为33.2286%，技术效率对粮食增长的效应为7.3636%，而劳动力等要素投入对粮食增长的贡献为18.0017%。以上分析表明，近年来，中国粮食生产方式由典型的粗放型增长方式向高质量发展转变，由主要依靠要素投入来拉动粮食生产，转变为通过全要素生产率的提高来促进粮食生产。

表7-3　2002~2022年考虑环境因素的产出增长和全要素生产率增长的分解

年份	$\dot{TP}$ (1)	Scale (2)	ΔTE (3)	$\dot{TFP}$ (4)=(1)+(2)+(3)	$\dot{S}$ (5)	$\dot{Y}$ (6)=(4)+(5)
2002	−0.1092	0.6309	0.0213	0.5429	0.3732	0.9161
2003	−0.0143	0.0660	−0.0119	0.0398	−0.0752	−0.0354
2004	0.3257	0.0122	0.0399	0.3778	−0.1481	0.2297
2005	−0.2263	0.0005	0.0023	−0.2235	0.1170	−0.1065
2006	0.7142	0.0217	0.0201	0.7560	−0.5998	0.1562
2007	−0.4602	0.0215	0.0016	−0.4371	0.3584	−0.0787
2008	0.5657	0.1927	0.0200	0.7784	−0.0229	0.7555

续表

年份	$\dot{TP}$ （1）	Scale （2）	ΔTE （3）	$\dot{TFP}$ （4）=（1）+（2）+（3）	$\dot{S}$ （5）	$\dot{Y}$ （6）=（4）+（5）
2009	-0.6609	0.0392	-0.0052	-0.6269	-0.0057	-0.6326
2010	-0.0917	-0.0028	0.0236	-0.0710	0.0596	-0.0114
2011	0.0322	0.0565	0.0146	0.1033	0.1399	0.2432
2012	0.0132	0.0041	0.0262	0.0435	0.0332	0.0767
2013	0.0553	-0.0034	0.0089	0.0608	-0.0085	0.0523
2014	0.8646	-0.0034	0.0018	0.8629	0.0631	0.9260
2015	0.8263	0.0001	0.0076	0.8339	-0.5426	0.2913
2016	-0.0455	-0.0116	-0.0001	-0.0573	-0.0147	-0.0720
2017	0.1218	-0.0881	0.0129	0.0466	-0.1062	-0.0596
2018	0.0575	0.0092	0.0096	0.0763	-0.0161	0.0602
2019	-0.4995	-0.0043	0.0083	-0.4954	0.3751	-0.1203
2020	0.1312	0.0051	-0.0206	0.1157	0.7771	0.8928
2021	0.0895	-0.0065	0.0183	0.1012	-0.0766	0.0246
2022	-0.5205	-0.0015	0.0088	-0.5132	-0.1717	-0.6849
均值	0.0557	0.0447	0.0099	0.1102	0.0242	0.1344

注：根据表 5-2 中模型（1）的估计结果，以及技术进步为 $\dot{TP}_t = \dfrac{\frac{\partial M}{\partial t}}{M}$，投入增长为 $\dot{X}_{it} = \dfrac{\frac{\partial X_{it}}{\partial t}}{X_{it}}$，$X_{it}$ 的投入产出弹性为 $e_{it} = \dfrac{\partial M}{\partial X_{it}} \dfrac{X_{it}}{\partial t}$，则规模报酬为 $e_{it} = \sum_{1}^{n} e_{it}$，即规模报酬为每个投入的总产出弹性。TE 的增长为 $\Delta TE_t = -\dfrac{\partial u}{\partial t}$，TFP 的增长率（4）为表 7-3 中的（1）+（2）+（3），产出增长为 $\dot{Y}_{it} = \dfrac{\partial \log Y_t}{\partial t} = \dfrac{\frac{\partial Y_t}{\partial t}}{Y_t}$，表中的（5）同表 7-2。

（二）全要素生产率增长分解

当传统全要素生产率以年均 0.1868 的速度稳步提升时，纳入环境约束的绿色全要素生产率却仅实现 0.1102 的增速，二者间的年均落差揭示出，中国粮食生产体系中长期存在的生态效率黑洞。值得注意的是，传统全要素生产率的三大驱动力——技术进步、规模报酬、效率改善的增长速度全面碾压绿色全要素生产率的对应数值，这种系统性差距表明传统生产效率评价体系已形成严重的生态遮蔽效应。当农业现代化进程仍在用 20 世纪的效率标准去衡量 21 世纪的发展质量时，粮食安全的内涵无法体现人民群众对美好生活向往的需求。传统全要素生产率的增长为考虑粮食生产对环境所产生的影响，未考虑生产的负外部性。效率评价的视角偏差，容易导致陷入生产率提升等同于发展质量改善的认知误区，使得生态危机严重。传统全要素生产率的技术进步增速高于绿色全要素生产率的技术进步增速，表明农业技术创新的价值取向偏差。当前主导的技术进步更多服务于产量提升而非生态改善：节水灌溉技术推广率不足，而高产杂交品种覆盖率较高；生物农药研发投入占比较低，化学除草剂销量年均增长速度较快。这种技术选择偏好形成恶性循环：越依赖化学投入实现增产，土壤微生物群落破坏越严重，进而迫使生产者追加更多化肥维持产量，最终导致绿色全要素生产率中的技术进步成分被环境修复成本大量侵蚀。传统规模报酬年均增长，在绿色发展框架下进一步降低，其背后的原因是规模扩张引发的生态边际成本递增。土地流转催生的万亩连片经营，降低单位机械作业成本，但单一化种植使农田生物多样性下降，迫使农药使用量增加。更严峻的是，规模经营主体为追求经济效益最大化，普遍采用高投入、高产出模式，其单位面积碳排放强度高于小农户等农业经营散户。现行农业支持政策深受传统效率观影响：农机购置补贴目录中环保型设备占比不足，高标准农田建设投资中生态涵养工程预算较低。这种政策导向使生产者缺乏绿色转型动力，导致节水技术应用的经济回报周期远超经营者预期。此外，粮食主产区政绩考核仍以产量增速为核心指标，使得地方政府纵容地下水超采等不可持续行为，不利于生态环境的保护。

传统全要素生产率为粮食产量增加做出巨大贡献，绿色全要素生产率的相关数值进一步体现了生态承载极限。在耕地生态系统退化速率远超生产率提升速度的背景下，任何忽视环境成本的效率增长都具有不可持续性。只有将绿色全要素生产率置于粮食安全评价的核心地位，才能促使农业生产方式实现从掠夺自然到和谐共生的范式革命，农业现代化也才能真正走上可持续发展之路。因此，要构建包括水资源损耗、土壤退化、生物多样性损失等指标的绿色全要素生产率核算体系，将生态健康指数纳入粮食安全考核体系。在此基础上，进行技术创新转型，调整农业科研资金投向，提高资源节约型和环境友好型技术研发投入比例，加快研发节水品种和智能测深施肥等绿色生产设备。推行农业生态转移支付，可按农业绿色全要素生产率的增长率实施差异化补贴，以鼓励各地区采用生态友好型生产方式发展农业。

如表7-4所示，从绿色全要素生产率和传统全要素生产率全国平均增长率来看，2002~2022年，在引入环境因素后，国内粮食绿色全要素生产率年均增长率为0.1102，而传统全要素生产率在样本期内年均增长率为0.1868。根据年度资料，在大多数时间内绿色全要素生产率的增长率均会小于传统的全要素生产率增长率，二者之间很难出现"波特共赢"的情况，二者的距离反映了环境要素在粮食生产中的作用。一方面，绿色全要素生产率增长率与传统全要素生产率增长率之间的差值能够视为由粮食生产导致的成本。差值大，则说明粮食安全保障需要花费大量的费用；相反，差值小，则说明只需要少量的花费就能保障粮食安全。另一方面，这个差值大，则说明粮食生产活动与环境之间的关系不和谐；这个差值小，则说明粮食生产活动与环境之间的关系和谐（闵锐和李谷成，2014）。在整个样本期间，传统全要素生产率的三个组成部分即技术进步、规模报酬和技术效率的年均增长率都分别大于绿色全要素生产率的各项分解的年均增长率。以上数据反映了在粮食生产过程中未将环境因素纳入粮食安全评价指标体系，则不利于综合评价粮食生产现状。

表 7-4　2002~2022 年绿色全要素生产率和传统全要素生产率分解

年份	绿色全要素生产率分解				传统全要素生产率分解			
	$\dot{TP}$（1）	Scale（2）	ΔTE（3）	$\dot{TFP}$（4）=（1）+（2）+（3）	$\dot{TP}$（1）	Scale（2）	ΔTE（3）	$\dot{TFP}$（4）=（1）+（2）+（3）
2002	-0.1092	0.6309	0.0213	0.5429	-0.3685	1.1559	0.0198	0.8072
2003	-0.0143	0.0660	-0.0119	0.0398	0.6625	0.1522	-0.0043	0.8104
2004	0.3257	0.0122	0.0399	0.3778	1.7952	0.0239	0.0397	1.8588
2005	-0.2263	0.0005	0.0023	-0.2235	-0.2360	0.0014	0.0093	-0.2253
2006	0.7142	0.0217	0.0201	0.7560	0.9201	0.0598	0.0151	0.9951
2007	-0.4602	0.0215	0.0016	-0.4371	-0.3599	0.0429	0.0007	-0.3163
2008	0.5657	0.1927	0.0200	0.7784	0.2112	0.2348	0.0260	0.4720
2009	-0.6609	0.0392	-0.0052	-0.6269	-0.3216	0.0530	-0.0016	-0.2702
2010	-0.0917	-0.0028	0.0236	-0.0710	-0.6069	-0.0021	0.0315	-0.5774
2011	0.0322	0.0565	0.0146	0.1033	-1.8209	0.0762	0.0075	-1.7373
2012	0.0132	0.0041	0.0262	0.0435	-1.1285	0.0030	0.0315	-1.0940
2013	0.0553	-0.0034	0.0089	0.0608	-0.0105	-0.0015	0.0059	-0.0060
2014	0.8646	-0.0034	0.0018	0.8629	0.6968	0.0030	0.0033	0.7030
2015	0.8263	0.0001	0.0076	0.8339	1.5422	0.0062	0.0129	1.5612
2016	-0.0455	-0.0116	-0.0001	-0.0573	-0.0203	-0.0323	0.0040	-0.0485
2017	0.1218	-0.0881	0.0129	0.0466	0.4760	-0.1912	0.0156	0.3003
2018	0.0575	0.0092	0.0096	0.0763	0.2723	0.0180	0.0093	0.2997
2019	-0.4995	-0.0043	0.0083	-0.4954	-0.0231	-0.0040	0.0069	-0.0202
2020	0.1312	0.0051	-0.0206	0.1157	0.7458	0.0322	-0.0231	0.7549
2021	0.0895	-0.0065	0.0183	0.1012	-0.2389	0.0019	0.0249	-0.2122
2022	-0.5205	-0.0015	0.0088	-0.5132	-0.1080	-0.0306	0.0065	-0.1320
均值	0.0557	0.0447	0.0099	0.1102	0.0990	0.0763	0.0115	0.1868

注：根据表 5-2 中模型（2）和模型（1）的估计结果，以及表 7-3 中的相关数据以及式（5-16）计算得出。

四、本章小结

本章利用前文中所推导的理论模型对 2001~2022 年中国粮食生产的增长进行了分解。通过 Solow（1957）、Denny 等（1979）、Bauer（1990）和 Kumbhakar 等（2000）的相关研究和前文的理论模型推导结果可知，在进行增长率的分解过程中，成本信息不是必不可少的。粮食生产产出增长可以分解为投入增长的加权和、调整的规模效应、技术进步和技术效率的增长四个部分。在这四部分中，全要素生产率的增长是调整的规模效应、技术进步和技术效率三部分的增长总和。

本章计算了在考虑环境因素的情况下，中国粮食生产过程中的要素投入产出弹性和成本份额。在中国粮食生产过程中，粮食播种面积的产出弹性最大，且呈不断扩大的趋势，表明播种面积对产量增加的影响较大，且这种影响随着时间的推移越加重要。劳动力的投入产出弹性在大多数年份为负，但随着时间的推移，劳动力的产出弹性呈现不断变大的趋势。化肥的年均产出弹性为 0.061。劳动力、化肥、播种面积和净碳源量四种投入要素的成本份额平均值分别为 −0.1774、0.0603、1.0678 和 0.0493。从中可以看出，在中国粮食生产过程中，播种面积的成本份额最大，而劳动力的成本份额为负，表明在粮食生产过程中劳动力的报酬较低。在要素投入产出弹性和成本份额计算的基础上，计算了劳动力、化肥、播种面积和净碳源量四种要素的加权投入增长效应和调整的规模效应。四种投入要素的加权投入增长分别为 −0.0367、0.0283、0.0182 和 0.0144，而总投入的增长为年均 0.0242，表明在粮食生产过程中，化肥和粮食播种面积是投入要素增长部分中最重要的。近年来，中国粮食生产方式由典型的粗放型增长方式向高质量发展转变，由主要依靠要素投入来拉动粮食生产，转变为通过全要素生产率的提高来促进粮食生产。在实证分析基础上，把绿色全要素生产率及其分解与传统的全要素生产率及其分解进行了区域比较分析。其中在粮食生产的技术进步方面，2002~2022 年绿色技术进步和传统的技术进步均为正，但绿色技术进步增长率大于传统技术进步增长率，这在一定程度上证实，政府对于粮食行业的目标不再是单一的产量增加，需要综合考虑粮食生产的经济效益和环境效益，重视环境友好型粮食生产技术的使用。

第八章

研究结论、政策建议与展望

一、研究结论

新中国成立至今，粮食产业的发展可以说是突飞猛进。这种惊人发展带来的结果，不仅实现了如此巨大规模人口粮食的自给自足，而且还有效提高了数亿农村居民的实际收入，为消除全世界范围内的饥饿以及贫困做出了重大贡献（中华人民共和国国务院新闻办公室，1996）。但是，过去片面强调粮食数量的短期增加，没有充分考虑粮食生产与周围生态环境的相互关系，没有考虑到粮食行业的长久持续发展。中国是一个人多地少的国家，为了弥补耕地短缺，化肥和农药等化学物质曾经被过量施用。粗放型生产方式导致中国的粮食在生产过程中成为农业生态系统中重要的碳源，是温室气体浓度增长的关键诱因之一。随着经济由高速增长向高质量发展阶段的转变，为实现农业现代化，应综合考虑粮食生产的经济效率、社会效益和生态效益，以保障粮食安全和农业的高质量发展。在此背景下，在现有研究基础上，通过把环境因素纳入研究框架，本书运用超越对

数随机前沿分析法对 2001~2022 年中国粮食生产的绿色技术效率和绿色全
要素生产率展开实证分析，主要得出以下结论：

第一，粮食生产绿色全要素生产率的增长率总体呈现"涨跌互现"的
波动情形且波动较为剧烈。2001~2022 年，考虑环境因素的中国粮食产量
年均增长 0.1344。其中投入加权年均增长 0.0242，在粮食年均增长中仍
然占有不小的比例。全要素生产率的年均增长率为 0.1102，在促进粮食增
产方面具有巨大潜力。随着城镇化和工业化的发展以及人口老龄化趋势凸
显，农村劳动力和粮食播种面积等投入要素将不断减少，依靠投入要素的
增加来确保粮食产量安全将变得越来越困难。因此，必须重视粮食生产全
要素生产率的提高。

第二，在粮食生产的效率影响因素中，农村劳动力老龄化变量在样本
期提高了粮食生产技术效率，而灾害率的上升降低了粮食生产的技术效
率。一方面，相对于青壮年劳动力，老龄化劳动力进行粮食生产的经验更
加丰富，所以在一定程度上老年人的高技能更有利于粮食产量的提高。另
一方面，相对于经济作物而言，粮食作物的机械化程度较高。随着农村机
械化程度的提高，为了节省劳动力，老龄化劳动力更倾向于进行高度机械
化的粮食作物的生产，而不是需要更多人力劳动的经济作物的生产，这样
从事非农经济活动较少的老龄化劳动力的增加有利于粮食生产效率的提
高。随着农村青壮年劳动力大规模向城市部门转移，农村劳动力结构将发
生比较显著的变化，大量老人和女性在农村从事农业生产，催生了农村劳
动力老龄化和女性化现象。为了有效保证粮食安全，应积极应对劳动力结
构出现的变化，以人口高质量发展支撑农业现代化建设。

第三，粮食生产普遍存在环境污染效率损失问题。2001~2022 年中国
粮食生产在全国及东中西部地区，考虑环境污染因素时的绿色技术效率比
未考虑环境因素的传统技术效率分别低 0.0180、0.0239、0.0210 和
0.0098。以上研究结果表明，中国粮食生产存在以大量消耗现代化学物资
和牺牲环境为代价而增加粮食产量的情况。为保证粮食安全，应以实现粮
食生产的可持续发展与长期安全保障为目标。

第四，粮食生产的绿色全要素生产率与传统全要素生产率之间存在差距。在引入环境因素后，2002~2022年中国粮食生产的绿色全要素生产率年均增长0.1102，而传统全要素生产率在样本期间年均增长0.1868。分年度来看，在绝大多数年份，传统全要素生产率的年度增长率皆高于绿色全要素生产率的年度增长率。从全要素生产率的各项分解可知，在整个样本期间，绿色技术进步的年均增长率、绿色规模报酬年均增长率以及绿色技术效率的年均增长率均分别低于传统技术进步的年均增长率，传统规模报酬年均增长率以及传统技术效率的年平均增长率。以上研究结果表明，在不考虑环境因素的情况下，粮食生产的全要素生产率年均增长率较高，但考虑环境因素后，粮食生产的全要素生产率年均增长率有所降低。在粮食生产过程中因过度施用化肥等化学物质对环境的影响较大，间接生产成本较高。

二、政策建议

（一）提高粮食生产绿色全要素生产率，实现粮食生产方式的转变

粮食生产方式的转变要兼顾技术进步和技术效率。粮食前沿技术进步需要转变粗放型的粮食生产方式。政策着力点在于供给新型现代粮食生产要素，深度优化粮食生产的要素投入和技术水平，进而转变生产要素的技术结合形式，从而提高粮食生产技术进步水平。技术效率旨在发现并清除提升效率的困难和阻碍，政策重心在于制度变革与创新、机制设计、粮食生产的技术培训、技术扩散与服务网络、农村基础教育等。从粮食全要素生产率增长的地区差异来看，全要素生产率增长的源泉——技术进步与效

率变化在地区之间的表现存在着显著差异，即粮食生产的技术效率的增长方式不尽相同，应根据各地资源禀赋和粮食发展现状，采取有针对性和差异性的政策措施来促进粮食和整个农业生产率的增长。提高粮食生产的全要素生产率，促进粮食高质量发展需要政府、科研机构、涉粮企业、粮食行业协会和粮食生产者多方配合，协力合作。

1. 对于中央政府，要持续优化有利于粮食生产方式创新的制度供给

加大关键核心技术和前沿技术的投入，持续加强农业科技体制机制创新。充分利用好两个市场和两种资源，积极构建有力保障粮食安全的产业链和供应链。

2. 对于农业科研机构，要持续加强粮食生产科技创新

抢占粮食生产中种子、机械等科技创新的制高点。加大新品种、新技术和新农机的研发，着力提升全国粮食生产的机械化水平，提高粮食生产质量，促进粮食生产绿色低碳转型。加强同其他国家在粮食生产科技领域的交流与合作，提高粮食生产的全产业链协同效应。

3. 对于以粮食为原材料的相关企业，要基于市场变化不断进行技术和组织创新

充分配置自身资源和社会资源，积极培育具有开展跨国经营能力的企业或者企业联盟。增强质量意识和品牌意识，着力提升产品质量，关注产品设计与市场营销，增强产品附加值，实现粮食产业链由低端向高端的跨越。在产品经营中积极履行保护环境、稳定就业和提供公共服务等企业责任，树立负责任的良好企业形象。

4. 对于粮食行业协会，要发挥好作为非政府组织的沟通、协调、服务和监督职能

加强对国内外粮食产业现状的调研工作，积极做好对粮食行业相关数据的收集、整理和归纳，为制定粮食产业发展提供信息和数据支持。在做好粮食产业的规划和制定粮食产业相关政策和规则方面建言献策。根据国际贸易新趋势，通过制定行业标准与规范、搭建粮食产品认证服务与支持平台和推动市场对接与品牌建设等途径，有效提升粮食产品认证的认可

度、公信力和市场价值，以高质量粮食认证产品突破国际贸易壁垒，形成中国粮食的全球竞争力。

5. 对于粮食生产者，要加强职业粮农的队伍建设，积极培育新型粮食生产主体

加大对农业生态环境保护的宣传力度和培训活动，提高粮食生产者的环保意识。制定统一的环境保护标准和指南，明确粮食生产过程中环境保护的要求和执行标准，提高环境保护的可操作性和执行效果。重视在粮食生产过程中对环境保护的效果评估，及时调整环境保护的准则，确保环境保护的连续性和稳定性，有效推动在粮食生产过程中对环境的保护工作。提升粮农运用科技种粮和应对市场风险的能力，鼓励粮农采用绿色可持续的种粮方式，实现经济效益和环境效益的双提升。农民专业合作社应在良种繁育、农资供应、粮机作业以及收购加工等方面提供优质化服务，不断提升粮农的经济效益和环境效益。

（二）加大劳动力供给侧结构性改革，破解劳动力供给约束

农村劳动力老龄化对粮食生产的技术效率影响呈现双重作用机制。一方面，由于生理机能衰退，老年劳动力的体力水平与青壮年劳动力相比存在明显差距，可能对生产技术效率产生抑制作用，此现象被称为"老化效应"；另一方面，长期的实践经验积累使得老年劳动力的生产技能趋于精进，形成对技术效率的提升作用，即"积累效应"。两种效应的动态博弈决定了最终影响方向：若"老化效应"占主导，则技术效率下降，反之，则呈现上升趋势。因此，在面临劳动力老龄化越来越凸显的趋势，应着力提升老年劳动力在粮食生产中的"积累效应"，并采取相应地政策措施抑制"老化效应"，发挥老龄化劳动力在粮食生产中的积极作用。在性别维度上，女性劳动力的参与同样具有双重特征。一方面，相较于男性，女性在生理体能方面具有特殊性，同时须承担家务管理、子女教育、老人照料等家庭职责，这些因素共同构成女性化劳动力在粮食生产中对技术效率的"负面效应"；另一方面，女性劳动力通常更专注于农业生产领

域（研究表明其非农兼业参与度显著低于男性），能够通过延长劳动时间、提升劳动专注度，实现精细化耕作，从而产生技术效率的"正面效应"。劳动力女性化趋势明显对粮食生产的最终影响取决于两种效应强度的对比关系，正面效应占据优势时技术效率得以提升，反之则呈现下降趋势。针对农村劳动力结构的变化，培育新型职业粮农，实现粮食生产者知识化是适应农业劳动力老龄化、女性化趋势，破解粮食生产过程中劳动力供给约束的重要途径和基础。

1. 实施"回归工程"，合理引导优质劳动力"返乡"

适当扩大包括农村基础设施和科教文卫在内的资金投入力度，积极推进新农村建设，重新把高素质劳动力吸引到社会主义新农村中。通过信贷、技术支持等激励措施吸纳大学毕业生、返乡人员等加入粮食生产队伍中，从根本上解决农业劳动力结构性不足问题，确保粮食生产"后继有人"。通过这些素质水平较高的农民返乡经营和对当地农民的培训，达到传播和运用粮食先进技术，提高当地种植、生产和经营粮食的技术水平的目的。

2. 积极推进现代农村社会保障制度建设，为粮农提供良好的社会环境

农村土地具有的社会保障功能使其不能向种粮大户集中和实现规模化经营。为此，一方面，建立和完善农村养老保险和医疗保险制度，从根本上解决农村青壮年劳动力的养老之忧；另一方面，建立健全农业保险体系，推动农业保险立法，促进农业保险规范化发展。根据农业的内在需求和特点，因地制宜地提供有针对性的农业保险，提高农业防风险能力，把种粮风险降到最低。

3. 推动农业机械化生产，缓解农业劳动力约束

在城镇化进程加速推进背景下，我国农村劳动力结构呈现老龄化和女性化双重特征。相对于青壮年劳动力，老龄化和女性化劳动力在生产过程中，更需要农业机械的助力。在粮食生产过程中，农业机械设备的推广与普及可以有效弥补老龄化和女性化劳动力的体力、从而大大提高劳动生产效率。因而国家有必要采取有力措施推动农业机械化生产方式，提高农业

生产的机械化水平。

具体来说，要加大农业机械的研究，完善农机补贴，并为农业机械的使用提供更好的基础设施和维修服务等，需要研究适合山地和丘陵作业的农业机械。首先，结合农户需求及资源约束，研发和推广适宜机械。瞄准不同类型粮农对农业机械的需求，并结合粮食生产的地形条件提供适宜的农业机械。例如，针对南方地区，需要研发适合丘陵和山区的专用机械，促进粮食生产各环节对劳动力的替代，提高粮食生产的技术水平，减少技术效率的损失。其次，完善农机作业服务，实现粮食高质量生产。对于购置成本较高和使用周期较短的灌溉和施肥等农业机械，一方面要鼓励粮食生产合作社和种粮大户组建农机社会化服务组织，以提供专业化和综合化的农机作业服务；另一方面要通过补贴等措施积极引导粮农对农机作业服务产生购买需求，降低粮农的人工成本和农机使用成本，缓解农忙季节的劳动力供给短缺，在提高粮食生产机械化作业水平的同时推动农机社会化组织发展。最后，完善基础设施建设，改善农机作业条件。在粮食生产过程中，农机的利用程度也与地形、道路状况等基础设施息息相关。为提高农机作业的可达性和便利性，应通过高标准农田建设，拓宽粮田的机耕道路。通过平整土地、兴修道路改善交通和灌溉条件，为粮食生产的机械作业提供便利，从而提高粮食的现代化生产与经营水平，巩固和提高粮食生产能力，保障粮食安全。因此，要加大农业基础设施建设，提高其对粮食生产的辅助功能。

此外，由于自然灾害是降低我国粮食生产效率的重要原因，所以，建立灾害预警与防御机制对于提高粮食生产技术效率具有重要意义；兴修基础设施也是增强抗灾能力的一个重要途径。进一步地，扩展农机购置补贴，提高农机服务内容。全面实施农机购置补贴政策以来，中央和各地方的农机具购置补贴的范围和种类不断增多，极大地鼓励了粮农增加农业机械投入。应在研发和推广农机的同时，扩大粮食生产过程中农机购置的补贴范围与补贴力度，持续鼓励农户对农机的使用率，从而减少劳动投入约束。同时，应增强农机公共服务能力建设，通过提供农机技术示范推广活动、操作人员培训和农机的维修售后服务等举措来提高粮农的农机具使用效率。

4. 激活农村素质教育新技能，提高农村劳动力人力资本水平

人力资本水平的提高是提高粮食生产技术效率的重要手段，提高教育水平也可以提高农村劳动力人力资本的存量水平。为应对农业劳动力老龄化等结构性转变，应积极培育新型职业粮农，以提高劳动者技能。首先，高度重视农业人力资本的投资。通过加强科研院校与地方农技站，以及粮食合作社的交流与协作，针对不同年龄和受教育水平的粮食生产者以多样化和差异化的方式开展有关粮食生产过程中的整地管理、播种管理、田间管理、土肥水管理、病虫害及自然灾害防治等技术培训。例如，对于老龄化和受教育程度较低的种植者，以现场示范和本地化语言开展相关培训，以提高理解力和接受度。对于中青年和受教育程度较高的粮食种植者，可以灵活采用视频、网络以及科普读物等方式普及和推广现代化粮食生产技术，以节约时间和成本。通过不同方式的培训，有效促进不同年龄段和受教育水平的粮食生产者均能以更加科学化和标准化的方式进行粮食生产，从而提高粮食的生产水平，实现粮食的高质量发展。其次，通过聘请农事经验丰富的粮食生产者推广本土化的生产经验及技能，发挥种粮能手的带头作用，增强传统耕作经验与现代农业生产要素的融合能力，提高粮食的综合生产能力。此外，要进一步通过师资队伍建设等举措增强农村基础教育投资，保障未来农业劳动力的科学文化素质，提高从事农业生产活动的综合能力。再次，粮农的健康水平也是保障粮食生产者提供劳动力数量和质量的重要基础。在农业生产活动中，高强度的体力劳动对粮食生产者的体力以及健康状况都有较高要求，应加强关注不同年龄粮食生产者的健康状况，通过完善农村医疗保障设施为粮食生产者的健康保驾护航。同时要完善农村养老保障体系，提高农村基础养老金水平，确保退出农业的劳动者能维持基本生活水平，为土地的顺利流转和规模化经营提供制度保障。最后，培育新型经营主体，促进粮食专业化生产。在粮食生产政策激励机制和市场力量的共同作用下，粮农作为理性的市场经营主体，能够

遵循生产要素的相对稀缺性以及要素价格的决定原则来选择适当的技术类型和要素投入组合。在粮食生产者中劳动力老龄化所造成的劳动力和资金供给面临约束的条件下，应鼓励粮农根据家庭资源配置状况参与耕地流转。通过资金、技术以及信息支持来发展适度规模种植大户和家庭农场，提升家庭生产投资能力和技术水平。这不仅能为培育新型职业粮农提供必要的支持和帮助，也能为实现粮食生产的机械化、省力化和绿色化提供基础和平台。还要进一步引导和促进粮食生产的专业化合作社和农业产业化龙头企业的发展和壮大，以积极发挥其对中小规模粮食生产者的辐射带动作用，实现小农户与大农业的有机结合。

5. 优化收益分配机制，提高粮农积极性

协调异地雇佣劳动力、缓解本地农业劳动力供求瓶颈，鼓励粮食种植户通过合作社、协会集体谈判、购买农资与雇佣服务，降低农用物资与人工成本。优化收益分配机制是提升农业生产效益、保障粮食安全的关键举措，其核心在于构建系统性政策框架，通过成本控制与要素整合实现降本增效。首先，稳定农资价格、监管农资质量。为密切关注农资市场价格波动，确保农资产品的质量和安全，需要建立价格监测和质量追溯双轨机制。政府部门应完善农资价格预警系统，依托储备调节、补贴联动等工具平抑市场价格，同时严格实施农资生产经营许可制度，强化对种子、化肥和农药等农资产品的全链条质量抽查，建立"一品一码"溯源体系，严查危害农资市场的违法行为，对其进行顶格处理。其次，在农村劳动力配置环节，可搭建省级农业用工信息平台。通过劳动用工需求清单和劳动力技能档案相关数据的匹配，合理引导劳动力的跨区流动，缓解粮食生产过程中的劳动力约束。由于农业活动具有较强的季节性，为快速响应对大规模用工主体的用工需求，劳动供给方可组织点对点式的包车运输补贴，及时响应对闲置劳动的需求。同时开展农机操作和植保技术等专项培训，有效化解农忙时期用工短缺的难题。此外，应重点培育新型农业经营主体，积极发挥示范作用。通过政策支持引导粮食种植户加入粮食合作社或粮食行业协会，可逐步形成集中采购农资和统一雇佣农机服务的规模效应。可通过对集体采购农资的合作社给予一定的财政补助，对团购农机服务的联合体进行相应的补贴。在此基础上，鼓励其通过订单农业等方式降低市场风险，锁定经营收益，增加粮农收益，提高种粮的积极性，为粮食安全以及农业的可持续发展注入内生动力。

（三）统筹粮食生产和环境保护，实现经济效益与生态效益双丰收

粮食生产和生态环境保护之间是一对矛盾的统一体。恰当处理好二者之间的关系，需要实现从传统石油农业向现代生态农业的转变。在粮食生产过程中，存在着通过化学化来实现资本化和省力化的现象。粮食生产过程中突出的环境问题，如化肥和农药等化学品的过量施用所导致的农业面源污染问题加剧，不仅不利于实现粮食质量安全，更加制约粮食的可持续发展。实现粮食生产的经济效益、社会效应和生态效益，需要实现粮食的绿色生产。为切实落实粮食生产过程中的环境保护，针对与粮食生产息息相关的利益主体，可以进行如下政策激励机制：

1. 完善生产选择性激励政策，促进粮食绿色低碳生产

各地政府应协同多元力量宣传和弘扬农业环保功能，倡导循环农业，合理引导农户生产观念和生产行为的转变。首先，通过研发清洁生产技术，将农业生产过程中产生的污染物质进行资源化处理，使其成为可重新投入生产的物质，以发挥农业本身所具有的消化与吸收其生产过程中所产生的废料以达到净化生态的功能。其次，加快农业技术推广，降低农业污染。一方面，通过培训等方式使农户规范使用农资，熟练掌握农资要素投入的剂量、时点与操作规范，以有效减少农业生产中的无效损耗和过量施用，做到合理施肥和科学耕种的有机融合。另一方面，鼓励农户等农业从业者使用有机肥或生物肥，并通过应用节能耕作技术和测土配方施肥等环保型技术的推广和应用，来改善土壤微生物结构和实现农业的可持续发展。此外，为提高包括小农户在内的农业从业者把潜在的绿色生产意愿转变成实际的生态生产行为，积极鼓励其参与到农业污染治理政策的制定过

程中以增加农户的责任感和使命感，进而提高其行动力和执行力。最后，在绿色农业生产技术推广过程中，在有条件的地区可以使用环保技术示范的方式，对于积极使用绿色生产技术的农户给予一定的奖励以鼓励其他从业者进行绿色生产技术的采用及推广。此外，各地政府还应结合当地生产实际和农户的特征，对采用绿色生产技术所产生的不确定性及风险及时与农户沟通，以消除农户的疑虑，增强其信心，帮助农户顺利地将环保意愿转变为实际的环保行为。

2. 强化消费选择性激励政策，确保粮食优质优价

首先，加快绿色农产品市场体系建设。为了解决绿色农产品难以甄别和辨认进而出现市场失灵的情况，要加强对绿色农产品的认证和监督工作，以提升消费者的信任和购买意愿。其次，政府应尽快建立农产品质量全程追溯体系，将绿色农产品的生产、加工和流通全过程纳入追溯管理体系，防止以次充好和以假乱真，保证绿色农产品质量。最后，为有效解决农业治理中出现的市场失灵和政府失灵，应积极推动食品安全由"个体自保"向"社会共保"转变，加强农业从业者和农产品消费者之间的合作，以保障消费者买到放心安全的农产品，生产者以优质优价出售农产品，实现市场新的均衡。

3. 强化管理选择性激励政策，提升粮食综合生产能力

首先，在农业污染的防治过程中，农业政策要具有普惠性。各地政府通过提供包括技术的研发和推广、人员的培训和考核以及基础设施的建设和维护等公共服务来扶持小农户使用环保型生产要素，进行科学种田以生产出优质优价的绿色生态农产品。其次，农业污染的有效治理，需要提高小农户的组织化程度。通过农协等组织为小农户提供全方位的公益性生产服务，有效组织小农户对接农产品大市场，使小农户也能参与到整个农业的产业链和价值链中，获得较高经济收益。最后，小农户是实现乡村振兴的重要力量，也是党的重要依靠力量和群众基础。服务小农户对于顺利进行乡村振兴战略和巩固党的执政基础具有重要意义。各级党组织在促进农业高质量发展过程中，既要积极培育新型农业经营主体，又要重视发挥好

小农户的基础作用。在党的领导下，系统总结小农户与现代农业有机融合的新模式和新经验，引导小农户提高组织化和专业化程度以提升农业综合治理效率。

4. 加强区域合作与联动治理，增强粮食安全的协同性与整体性

由于具有较强的空间溢出效应，各区域在防治农业污染过程中应加强合作与交流。不断完善区域之间的学习与交流机制，推动科技、资金、人才等生产要素的流动与合作，加强地方政府的联动治理，促进地方政府间竞争有序化，进而提升农业污染防治效率。在制定相关政策时，不仅要关注各地区内部因素的自然和社会因素，也要考虑周边地区的交互溢出效应。一方面，要通过制定法律法规等举措打破传统行政边界的壁垒，加强地方政府间的区域合作，统一规划和完善地方政府在治理农业面源污染过程中的宏观调控能力，保障农业政策的顺利实施。另一方面，在地方政府官员的政绩考核中可以适当加入绿色发展指标，以强化地方政府进行农业绿色生产的激励机制，实现本地和相邻区域农业的高质量发展。

5. 综合整治工业污染、城市污染和农业污染，持续增强粮食供给保障能力

目前，环境保护工作的重点在工业污染和城市污染的治理，农业和农村的生态环境保护始终没有得到应有的重视。此外，单一处理技术难以满足农业污染的有效治理。因此，一方面，为防止工业污染排放和城市污染转移进一步破坏农业生产环境，应当综合整合各类资源，将工业污染、城市污染与农业污染的治理进行有效结合、联合防控，促进产业间良性互动，从而为实现农业绿色转型发展奠定基础。另一方面，针对农业污染防治技术零散、集中度和效率低下的现状，应加强农业污染源头减量、过程拦截和循环利用相结合的一体化治理技术，以多样化的污染处理技术提高农业污染治理水平。

三、展望

在中国快速工业化和城镇化背景下，在人多地少等粮食生产条件短期内难以改变的现实约束下，要保证中国的粮食安全，就必须转变粮食增长方式，摒弃传统的粗放型农业增长方式，积极转向集约型的增长方式。粮食产业的高质量发展需要实现从数量追赶转向质量提升，从规模扩张转向结构优化，从要素增加转向效率驱动，更需要实现从高碳增长转向低碳发展，因此粮食生产的技术效率和全要素生产率是近年来农业经济管理研究的热点问题。基于现有的研究成果，本书测算了中国粮食生产的绿色全要素生产率，并基于研究结果提出了相关政策建议，以期为提升粮食生产的绿色技术效率，促进粮食产业高质量发展和提高粮食产业发展韧性提供参考。为深化和扩展对粮食生产绿色全要素生产率的研究，还需要在以下几个方面继续努力：

一是本书检验了中国粮食生产绿色技术效率条件 β 收敛的存在性，但是没有能够进一步探讨控制技术效率稳态水平异质性的条件。基于以上情况，没有能够提出针对收敛性的政策性工具。未来研究可使用双向固定效应模型探究如人口增长、储蓄率、财政支出、开放程度和基础设施等能够影响稳态水平的相关变量对条件收敛性的影响，并据此提供基于条件收敛的政策建议。

二是对粮食生产全要素生产率增长的决定性影响因素还有待进一步深入研究。现代经济增长理论表明，粮食生产的全要素生产率的提高既和决策单元内部的变量密切相关，又和决策单元所处的制度安排和市场环境相关。那么，中国粮食生产的全要素生产率具体受哪些因素影响？各个因素对其影响程度又如何？需要针对决策单元内部和外部相关影响因素，来研究提高整个粮食绿色全要素生产率的具体政策和建议。

　　三是缺乏对微观粮食生产主体的数据采集。本书从中观层面分析了30个省级行政单位的粮食生产情况，缺乏对微观粮食生产主体的研究。未来研究将从微观粮食生产主体的角度考察粮食绿色生产行为，以全方位夯实粮食安全根基。

参考文献

［1］ Abramovitz M. Resource and Output Trends in the United States since 1870 ［J］. The American Economic Review, 1956, 46 (2): 5-23.

［2］ Afriat S N. Efficiency Estimation of Production Functions ［J］. International Economics Review, 1972 (1): 568-598.

［3］ Aigner D J, Chu S. On Estimating the Industry Production Function ［J］. The American Economic Review, 1968, 58 (4): 826-839.

［4］ Aigner D, Lovell C A K, Schmidt P. Formulation and Estimation of Stochastic Frontier Production Function Models ［J］. Journal of Econometrics, 1977, 6 (1): 21-37.

［5］ Arbia G, Basile R, Piras G. Using Spatial Panel Data in Modelling Regional. Growth and Convergence ［J］. SSRN Working Paper Series, 2006.

［6］ Arevalo C B M, Bhatti J S, Chang S X, et al. Land Use Change Effects on Ecosystem Carbon Balance: From Agricultural to Hybrid Poplar Plantation ［J］. Agriculture, Ecosystems & Environment, 2011, 141 (3): 342-349.

［7］ Ball V E, Lovell C A K, Luu H, et al. Incorporating Environmental Impacts in the Measurement of Agricultural Productivity Growth ［J］. Journal of Agricultural and Resource Economics, 2004, 29 (3): 436-460.

［8］ Banker R D, Charnes A, Cooper W W. Some Models for Estimating Technical and Scale Inefficiencies in Data Envelopment Analysis ［J］. Management Science, 1984, 30 (9): 1078-1092.

［9］ Barro R J, Mankiw N G, Sala-I-Martin X. Capital Mobility in Neoclassical Models of Growth ［J］. The American Economic Review, 1995, 85 (1): 103.

［10］ Barro R J, Sala-I-Martin X, Blanchard O J, et al. Convergence Across States and Regions ［J］. Brookings Papers on Economic Activity, 1991 (1):107-182.

［11］ Barro R J, Sala-I-Martin X. Convergence ［J］. Journal of Political Economy, 1992 (1): 223-251.

［12］ Barro R J. Economic Growth in a Cross Section of Countries ［J］. The Quarterly Journal of Economics, 1991, 106 (2): 407-443.

［13］ Battese G E, Coelli T J. Prediction of Firm-Level Technical Efficiencies with a Generalized Frontier Production Function and Panel Data ［J］. Journal of Econometrics, 1988, 38 (3): 387-399.

［14］ Battese G E, Coelli T J. A Model for Technical Inefficiency Effects in a Stochastic Frontier Production Function for Panel Data ［J］. Empirical Economics, 1995, 20 (2): 325-332.

［15］ Battese G E, Coelli T J. Frontier Production Functions, Technical Efficiency and Panel Data: With Application to Paddy Farmers in India ［J］. Journal of Productivity Analysis, 1992, 3 (1): 153-169.

［16］ Battese G E, Corra G S. Estimation of a Production Frontier Model: With Application to the Pastoral Zone of Eastern Australia ［J］. Australian Journal of Agricultural Economics, 1977, 21 (3): 169-179.

［17］ Bauer P. W. Decomposing TFP Growth in the Presence of Cost Inefficiency, Nonconstant Returns to Scale, and Technological Progress ［J］. Journal of Productivity Analysis, 1990, 3 (1): 153-169.

［18］ Baumol W J, Wolff E N. Productivity Growth, Convergence, and Welfare: Reply ［J］. The American Economic Review, 1988: 1155-1159.

［19］ Baumol W J. Productivity Growth, Convergence, and Welfare: What the Long – Run Data Show [J]. The American Economic Review, 1986 (1): 1072-1085.

[20] Ben – David D, Papell D H. Slowdowns and Meltdowns: Postwar Growth Evidence from 74 Countries [J]. The Review of Economics and Statistics, 1998, 80 (4): 561-571.

[21] Ben – David D. Convergence Clubs and Subsistence Economies [J]. Journal of Development Economics, 1998, 55 (1): 155-171.

[22] Bernard A B, Durlauf S N. Convergence in International Output [J]. Journal of Applied Econometrics, 1995, 10 (2): 97-108.

[23] Bernard A B, Durlauf S N. Interpreting Tests of the Convergence Hypothesis [J]. Journal of Econometrics, 1996, 71 (1): 161-173.

[24] Bovenberg A L, Smulders S A. Transitional Impacts of Environmental Policy in an Endogenous Growth Model [J]. International Economic Review, 1996 (1): 861-893.

[25] Bovenberg A L, Smulders S. Environmental Quality and Pollution – Augmenting Technological Change in a Two – Sector Endogenous Growth Model [J]. Journal of Public Economics, 1995, 57 (3): 369-391.

[26] Bureau J C, Färe R, Grosskopf S. A Comparison of Three Nonparametric Measures of Productivity Growth in European and United States Agriculture [J]. Journal of Agricultural Economics, 1995, 46 (3): 309-326.

[27] Buringh P. Organic Carbon in Soils of the World [J]. The Role of Terrestrial Vegetation in the Global Carbon Cycle: Measurement by Remote Sensing, 1984 (91): 109.

[28] Cai F, Giles J, O' Keefe P, et al. The Elderly and Old Age Support in Rural China [M]. Washington: World Bank Publications, 2012.

[29] Carlino G A, Mills L O. Are US Regional Incomes Converging?: A Time Series Analysis [J]. Journal of Monetary Economics, 1993, 32 (2): 335-346.

［30］ Carter C A, Jing C, Baojin C H U. Agricultural Productivity Growth in China: Farm Level Versus Aggregate Measurement ［J］. China Economic Review, 2003, 14 (1): 53-71.

［31］ Chambers R G, Chung Y, Färe R. Benefit and Distance Functions ［J］. Journal of Economic Theory, 1996, 70 (2): 407-419.

［32］ Chapman D F, McCaskill M R, Quigley P E, et al. Effects of Grazing Method and Fertiliser Inputs on the Productivity and Sustainability of Phalaris-based Pastures in Western Victoria ［J］. Animal Production Science, 2003, 43 (8): 785-798.

［33］ Charnes A, Cooper W W, Rhodes E. Measuring the Efficiency of Decision Making Units ［J］. European Journal of Operational Research, 1978, 2 (6): 429-444.

［34］ Chavas J P, Petrie R, Roth M. Farm Household Production Efficiency: Evidence from the Gambia ［J］. American Journal of Agricultural Economics, 2005, 87 (1): 160-179.

［35］ Chen A Z, Huffman W E, Rozelle S. Technical Efficiency of Chinese Grain Production: A Stochastic Production Frontier Approach ［C］//American Agricultural Economics Association Annual Meeting, Montreal, Canada. 2003.

［36］ Chen K B. Addressing Shortcomings in the Household Responsibility System: Empirical Analysis of the Two-farmland System in Shandong Province ［J］. China Economic Review, 2001, 12 (4): 280-292.

［37］ Chen P C, Yu M M, Chang C C, et al. Total Factor Productivity Growth in China's Agricultural. Sector ［J］. China Economic Review, 2008, 19 (4): 580-593.

［38］ Chen Y, Wu Z, Zhu T, et al. Agricultural Policy, Climate Factors and Grain Output: Evidence from Household Survey Data in Rural China ［J］. Journal of Integrative Agriculture, 2013, 12 (1): 169-183.

［39］ Chichilnisky G. Global Environment and North-South Trade ［R］. Columbia University, Department of Economics, 1991.

[40] Christensen L R, Jorgenson D W. U. S. Real Product and Real Factor Input, 1929-1967 [J]. Review of Income and Wealth, 1970, 16 (1): 19-50.

[41] Chung Y H, Färe R, Grosskopf S. Productivity and Undesirable Outputs: A Directional Distance Function Approach [J]. Journal of Environmental Management, 1997, 51 (3): 229-240.

[42] Cooper W W, Seiford L M, Zhu J. Data Envelopment Analysis [M]. New York: Springer US, 2004.

[43] Cornwell C, Schmidt P, Sickles R C. Production Frontiers with Cross-Sectional and Time-Series Variation in Efficiency Levels [J]. Journal of Econometrics, 1990, 46 (1): 185-200.

[44] Dalgaard C J. Club Convergence: Some Empirical Issues [R]. Institute of Economics University of Copenhagen, Working Papers, 2003: 103-156.

[45] Daniel G, Hellwinckel C M, Larson J A. Enhancing Agriculture's Potential to Sequester Carbon: A Framework to Estimate Incentive Levels for Reduced Tillage [J]. Environmental Management, 2004, 33 (1): S229-S237.

[46] Davis H S. Productivity Accounting [D]. Industrial Research Unit, Wharton School, University of Pennsylvania, 1955.

[47] De Brauw A. Are Women Taking over the Farm in China [R]. Paper provided by Department of Economics, Williams College in Its Series Department of Economics Working Papers with, 2003.

[48] De Long J B. Productivity Growth, Convergence, and Welfare: Comment [J]. The American Economic Review, 1988 (1): 1138-1154.

[49] Denison E F. Accounting for United States Economic Growth, 1929-1969 [M]. Washington: Brookings Institution, 1974.

[50] Denny M, Fuss M A, Waverman L. The Measurement and Interpretation of Total Factor Productivity in Regulated Industries, with an Application to Canadian Telecommunications [M]. Toronto: Institute for Policy Analysis, Uni-

versity of Toronto, 1979.

[51] Dension E F. The Source of Economic Growth in the United States and alternatives before US [J]. Committee for Economic Development, 1962, 58 (304).

[52] Domar E D. Capital Expansion, Rate of Growth, and Employment [J]. Journal of the Econometric Society, 1946 (1): 137-147.

[53] Dowrick S, Nguyen D T. OECD Comparative Economic Growth 1950-1985: Catch - Up and Convergence [J]. The American Economic Review, 1989, 79 (5): 1010-1030.

[54] Durlauf S N, Johnson P A. Multiple Regimes and Cross - Country Growth Behaviour [J]. Journal of Applied Econometrics, 1995, 10 (4): 365-384.

[55] Eswaran M, Kotwal A. A Theory of Contractual Structure in Agriculture [J]. The American Economic Review, 1985, 75 (3): 352-367.

[56] Evans P. Using Cross-Country Variances to Evaluate Growth Theories [J]. Journal of Economic Dynamics and Control, 1996, 20 (6): 1027-1049.

[57] Fabricant S. Economic Progress and Economic Change [M] //Economic Progress and Economic Change. NBER, 1954.

[58] Fan S. Effects of Technological Change and Institutional Reform on Production Growth in Chinese Agriculture [J]. American Journal of Agricultural Economics, 1991, 73 (2): 266-275.

[59] Fan S. Production and Productivity Growth in Chinese Agriculture: New Measurement And Evidence [J]. Food Policy, 1997, 22 (3): 213-228.

[60] Fargione J, Hill J, Tilman D, et al. Land Clearing and the Biofuel Carbon Debt [J]. Science, 2008 (319): 1235-1238.

[61] Farrell M. J. The Measurement of Production Efficiency [J]. Journal of Royal Statistical Society, 1957, 120 (3): 253-281.

[62] Feng S. Land Rental, off-farm Employment and Technical Efficiency of

Farm Households in Jiangxi Province, China [J]. NJAS - Wageningen Journal of Life Sciences, 2008, 55 (4): 363-378.

[63] Fenoaltea S. Peeking Backward: Regional Aspects of Industrial Growth in Post - unification Italy [J]. The Journal of Economic History, 2003, 63 (4): 1059-1102.

[64] Friedman M. Do Old Fallacies ever Die? [J]. Journal of Economic Literature, 1992, 30 (4): 2129-2132.

[65] Fukuyama, H, Weber, W, L. A Directional Slack-based Measure of Technical Inefficiency [J]. Socio - Economic Planning Sciences, 2009, 43 (4): 274-287.

[66] Fulginiti L E, Perrin R K. LDC Agriculture: Nonparametric Malmquist Productivity Indexes [J]. Journal of Development Economics, 1997, 53 (2): 373-390.

[67] Fulginiti L E, Perrin R K. Prices and Productivity in Agriculture [J]. The Review of Economics and Statistics, 1993 (75): 471-482.

[68] Färe R, Grosskopf S, Lindgren B. , et al. Productivity Developments in Swedish Hospitals: A Malmquist Output Index Approach [J]. Data Envelopment Analysis: Theory, Methodology and Applications, 1994: 253-272.

[69] Färe R, Grosskopf S, Pasurka C A. Environmental Production Functions and Environmental Directional Distance Functions [J]. Energy, 2007, 32 (7): 1055-1066.

[70] Färe R, Grosskopf S. Directional distance functions and slacks-based measures of Efficiency [J]. European Journal of Operational Research, 2010, 200 (1): 320-322.

[71] Färe R, Primont D. Multi-Output Production and Duality: Theory and Applications [M]. Springer Science & Business Media, 1994.

[72] Galor O. Convergence? Inferences from Theoretical Models [J]. The Economic Journal, 1996 (1): 1056-1069.

［73］ Goodwin B K, Mishra A K. Farming Efficiency and the Determinants of Multiple Job Holding by Farm Operators ［J］. American Journal of Agricultural Economics, 2004, 86 (3): 722-729.

［74］ Grosskopf S. Some Remarks on Productivity and its Decompositions ［J］. Journal of Productivity Analysis, 2003, 20 (3): 459-474.

［75］ Hailu A, Veeman T S. Non-parametric Productivity Analysis with Undesirable Outputs: An Application to the Canadian Pulp and Paper Industry ［J］. American Journal of Agricultural Economics, 2001, 83 (3): 605-616.

［76］ Hailu A., Veeman T S. Environmentally Sensitive Productivity Analysis of the Canadian Pulp and Paper Industry, 1959 - 1994: An Input Distance Function Approach ［J］. Journal of Environmental. Economics and Management, 2000, 40 (3): 251-274.

［77］ Harrod R F. An Essay in Dynamic Theory ［J］. The Economic Journal, 1939 (1): 14-33.

［78］ Hazell P B R, Hojjati B. Farm/non-farm Growth Linkages in Zambia ［J］. Journal of African Economies, 1995, 4 (3): 406-435.

［79］ Islam N. Growth Empirics: A Panel Data Approach ［J］. The Quarterly Journal of Economics, 1995, 110 (4): 1127-1170.

［80］ Islam N. What Have We Learnt from the Convergence Debate? ［J］. Journal of Economic Surveys, 2003, 17 (3): 309-362.

［81］ Jacka T. Women's Work in Rural China: Change and Continuity in an Era of Reform ［M］. Cambridge: Cambridge University Press, 1997.

［82］ Jian T, Sachs J D, Warner A M. Trends in Regional. Inequality in China ［J］. China Economic Review, 1996, 7 (1): 1-21.

［83］ Jin S, Huang J, Hu R, et al. The Creation and Spread of Technology and Total Factor Productivity in China's Agriculture ［J］. American Journal of Agricultural Economics, 2002, 84 (4): 916-930.

［84］ Jondrow J, Lovell C A K, Materov I S, et al. On the Estimation of

Technical Inefficiency in the Stochastic Frontier Production Function Model [J]. Journal of Econometrics, 1982, 19 (2): 233-238.

[85] Jorgenson D W, Griliches Z. The Explanation of Productivity Change [J]. The Review of Economic Studies, 1967 (34): 249-283.

[86] Jorgenson D, Gollop F M, Fraumeni B. Fraumeni B M. Productivity and U. S. Economic Growth [M]. Cambridge, M A: Harvard University Press, 1987.

[87] Judd E. Alternative Development Strategies for Women in Rural China [J]. Development and Change, 1990, 21 (1): 23-42.

[88] Keeler E, Spence M, Zeckhauser R. The Optimal Control of Pollution [J]. Journal of Economic Theory, 1972, 4 (1): 19-34.

[89] Kendrick J W. Front Matter, Productivity Trends in the United States [M] //Productivity Trends in the United States. Princeton University Press, 1961.

[90] Koop G. Carbon Dioxide Emissions and Economic Growth: A Structural Approach [J]. Journal of Applied Statistics, 1998, 25 (4): 489-515.

[91] Kumbhakar S C, Denny M, Fuss M. Estimation and Decomposition of Productivity Change When Production is not Efficient: A Panel data Approach [J]. Econometric Reviews, 2000, 19 (4): 312-320.

[92] Kumbhakar S C. A Parametric Approach to Efficiency Measurement Using A Flexible Profit Function [J]. Southern Economic Journal, 1996, 63 (2): 473-488.

[93] Kumbhakar S C. Production Frontiers, Panel Data, and Time-Varying Technical Inefficiency [J]. Journal of Econometrics, 1990, 46 (1): 201-211.

[94] Kumbhakar S. , Knox Lovell C A. Stochastic Frontier Analysis [M]. New York: Cambridge University Press, New York, 2000.

[95] Lal R, Kimble J M, Follet R F. The Potential of US Cropland to Sequestration Carbon and Mitigation to the Greenhouse Effect [M]. Chelsea: Ann Arbor Press, 1998: 55-87.

［96］Lal R. Carbon Emission from Farm Operations ［J］. Environment International, 2004, 30 (7): 981-990.

［97］Lee K, Pesaran M H, Smith R P. Growth and Convergence in a Multi-Country Empirical Stochastic Solow Model ［J］. Journal of Applied Econometrics, 1997, 12 (4): 357-392.

［98］Leibenstein H. A Locative Efficiency Vs "X-efficiency" ［J］. American Economic Review, 1966, 56 (3): 392-415.

［99］Li M, Sicular T. Aging of the Labor Force and Technical Efficiency in Crop Production: Evidence from Liaoning Province, China ［J］. China Agricultural. Economic Review, 2013, 5 (3): 342-359.

［100］Li Z, Zhao Q G. Organic Carbon Content and Distribution in Soils under Different Land Uses in Tropical and Subtropical China ［J］. Plant and Soil, 2001, 231 (2): 175-185.

［101］Ligthart J E, van der Ploeg F. Pollution, the Cost of Public Funds and Endogenous Growth ［J］. Economics Letters, 1994, 46 (4): 339-349.

［102］Lin J Y. Rural Reforms and Agricultural Growth in China ［J］. The American Economic Review, 1992, 82 (3): 34-51.

［103］Liu Y H, Wang X B. Technological Progress and Chinese Agricultural Growth in the 1990s ［J］. China Economic Review, 2005, 16 (4): 419-440.

［104］Lucas R E. On the Mechanics of Economic Development ［J］. Journal of Monetary Economics, 1988, 22 (1): 3-42.

［105］Malthus T R. An Essay on the Principle of Population, as it Affects the Future Improvement of Society ［M］. Oxford: Oxford University Press, 1798.

［106］Mankiw N G, Romer D, Weil D N. A Contribution to the Empirics of Economic Growth ［J］. The Quarterly Journal of Economics, 1992, 107 (2): 407-437.

［107］Mankiw N G. Macroeconomics ［M］. Barcelona: Antoni Bosch Editor, 2005.

［108］ Mao W, Koo W W. Productivity Growth, Technological Progress, and Efficiency Change in Chinese Agriculture after Rural Economic Reforms: A DEA Approach ［J］. China Economic Review, 1997, 8 (2): 157-174.

［109］ Marland G, McCarl B A, Schneider U. Soil Carbon: Policy and Economics ［J］. Climatic Change, 2001, 51 (1): 101-117.

［110］ Mauro L, Podrecca E. The Case of Italian Regions: Convergence or Dualism? ［J］. Economic Notes, 1994, 23 (3): 447-472.

［111］ McMillan J, Whalley J, Zhu L. The Impact of China's Economic Reforms on Agricultural Productivity Growth ［J］. The Journal of Political Economy, 1989 (1): 781-807.

［112］ Mead R W. A Revisionist View of Chinese Agricultural Productivity? ［J］. Contemporary Economic Policy, 2003, 21 (1): 117-131.

［113］ Meeusen W, van den Broeck J. Efficiency Estimation from Cobb-Douglas Production Functions with Composed Error ［J］. International Economic Review, 1977, 18 (2): 435-444.

［114］ Miller S M, Upadhyay M P. Total Factor Productivity and the Manufacturing Sectors in Industrialized and Developing Countries ［J］. Energy Policy, 2002 (29): 769-775.

［115］ Mo P. Contract Responsibility Systems and Productive Efficiency: A Case Study on State-Owned Enterprises in China ［J］. Bulletin of Economic Research, 1998, 50 (4): 323-341.

［116］ Nanere M, Fraser I, Quazi A, et al. Environmentally Adjusted Productivity Measurement: An Australian Case Study ［J］. Journal of Environmental Management, 2007, 85 (2): 350-362.

［117］ Pan G, Li L, Wu L, et al. Storage and Sequestration Potential of Topsoil Organic Carbon in China's Paddy Soils ［J］. Global Change Biology, 2004, 10 (1): 79-92.

［118］ Pareto V. Cours D'economies Politique, Volume I and II ［J］. F

Rouge，Lausanne，1896.

［119］ Pareto V. Sociological Writings：Selected and Introduced by SE Finer，Transl. by Derick Mirfin［M］. New York：Praeger，1966.

［120］ Pareto V. The New Theories of Economics［J］. The Journal of Political Economy，1897，5（4）：485-502.

［121］ Piao S，Fang J，Ciais P，et al. The Carbon Balance of Terrestrial Ecosystems in China［J］. Nature，2009，458（7241）：1009-1013.

［122］ Prescott E C. Lawrence R. Klein Lecture 1997：Needed：A theory of Total Factor Productivity［J］. International Economic Review，1998（1）：525-551.

［123］ Quah D T. Twin Peaks：Growth and Convergence in Models of Distribution Dynamics［J］. The Economic Journal，1996（1）：1045-1055.

［124］ Quah D. Empirical Cross－Section Dynamics in Economic Growth［J］. European Economic Review，1993，37（2）：426-434.

［125］ Ramanathan R. An Analysis of Energy Consumption and Carbon Dioxide Emissions in Countries of the Middle East and North Africa［J］. Energy，2005，30（15）：2831-2842.

［126］ Reinhard S，Lovell C A K，Thijssen G. Econometric Estimation of Technical and Environmental Efficiency：An Application to Dutch Dairy Farms［J］. American Journal of Agricultural Economics，1999，81（1）：44-60.

［127］ Repetto R，Rothman D S，Faeth P，et al. Productivity Measures Miss the Value of Environmental Protection［J］. Choices，1997，12（4）：16-19.

［128］ Rey S J. Spatial Empirics for Economic Growth and Convergence［J］. Geographical Analysis，2001，33（3）：195-214.

［129］ Rezek J P，Perrin R K. Environmentally Adjusted Agricultural Productivity in the Great Plains［J］. Journal of Agricultural and Resource Economics，2004，29（2）：346-369.

［130］ Ricardo D. On the Principles of Political Economy and Taxation

[M]. Oxford: Oxford University Press, 1817.

[131] Richmond J. Estimating the Efficiency of Production [J]. International Economic Review, 1974: 515-521.

[132] Romer P M. Increasing Returns and Long-run Growth [J]. The Journal of Political Economy, 1986 (1): 1002-1037.

[133] Rozelle S, Park A, Huang J, et al. Liberalization and Rural Market Integration in China [J]. American Journal of Agricultural Economics, 1997, 79 (2): 635-642.

[134] Rozelle S, Taylor J E, Brauw A. Migration, Remittances, and Agricultural Productivity in China [J]. The American Economic Review, 1999, 89 (2): 287-291.

[135] Samuelson P A. International Trade and the Equalization of Factor Prices [J]. Economic Journal, 1948, 58 (230): 163-184.

[136] Shenggen F A N, Zhang X. Infrastructure and Regional Economic Development in Rural China [J]. China Economic Review, 2004, 15 (2): 203-214.

[137] Smith A. An Inquiry into the Nature and Causes of the Wealth of Nations [M]. Oxford: Oxford University Press, 1976.

[138] Solomon A M, Prentice I C, Leemans R, et al. The Interaction of Climate and Land Use in Future Terrestrial Carbon Storage and Release [M] // Terrestrial Biospheric Carbon Fluxes Quantification of Sinks and Sources of CO_2. Springer Netherlands, 1993: 595-614.

[139] Solow R M. A Contribution to the Theory of Economic Growth [J]. The Quarterly Journal of Economics, 1956, 70 (1): 65-94.

[140] Solow R M. Growth Theory [M]. Oxford: Clarendon Press, 1970.

[141] Solow R M. Technical Change and the Aggregate Production Function [J]. Review of Economics And Statistics, 1957, 39 (3), 312-320.

[142] Song Y, Jiggins J. Feminization of Agriculture and Relate Issues:

Two Cases Study in Marginal Rural Area in China [J]. Leisa Magazine, 2002 (12): 5-7.

[143] Stokey N L. Are there Limits to Growth? [J]. International Economic Review, 1998 (1): 1-31.

[144] Swan T W. Economic Growth and Capital Accumulation [J]. Economic Record, 1956, 32 (2): 334-361.

[145] Tan S, Heerink N, Kuyvenhoven A, et al. Impact of Land Fragmentation on Rice Producers' Technical Efficiency in South-East China [J]. NJAS-Wageningen Journal of Life Sciences, 2010, 57 (2): 117-123.

[146] Tian W, Wan G H. Technical Efficiency and its Determinants in China's Grain Production [J]. Journal of Productivity Analysis, 2000, 13 (2): 159-174.

[147] Tone K. Dealing with Undesirable Outputs in DEA: A Slacks-based Measure (SBM) Approach [M]. Toronto: Presentation at NAPW Ⅲ, 2004:44-45.

[148] van den Berg M M, Hengsdijk H, Wolf J, et al. The Impact of Increasing Farm Size and Mechanization on Rural Income and Rice Production in Zhejiang Province, China [J]. Agricultural Systems, 2007, 94 (3): 841-850.

[149] Vleeshouwers L M, Verhagen A. Carbon Emission and Sequestration by Agricultural Land Use: A Model Study for Europe [J]. Global Change Biology, 2002, 8 (6): 519-530.

[150] Wang J, Epstein H E. Estimating Carbon Source-sink Transition during Secondary Succession in a Virginia Valley [J]. Plant and Soil, 2013, 362 (1/2): 135-147.

[151] Wang J, Wailes E J, Cramer G L. A Shadow-price Frontier Measurement of Profit Efficiency in Chinese Agriculture [J]. American Journal of Agricultural Economics, 1996, 78 (1): 146-156.

[152] Watanabe M, Tanaka K. Efficiency Analysis of Chinese Industry: A

Directional Distance Function Approach [J]. Energy Policy, 2007, 35 (12): 6323-6331.

[153] Wen G J. Total Factor Productivity Change in China's Farming Sector: 1952-1989 [J]. Economic Development and Cultural Change, 1993, 42 (1): 1-41.

[154] Whitesell R S. Industrial Growth and Efficiency in the United States and the Former Soviet Union [J]. Comparative Economic Studies, 1994, 36 (4): 47-77.

[155] Wolff E N. Capital Formation and Productivity Convergence over the Long Term [J]. The American Economic Review, 1991 (1): 565-579.

[156] Wong L F. Agricultural Productivity in the Socialist Countries [M]. Boulder: Westview Press, 1986.

[157] Wu H X, Meng X. The Direct Impact of the Relocation of Farm Labor on Chinese Grain Production [J]. China Economic Review, 1997, 7 (2): 105-122.

[158] Wu S, Walker D, Devadoss S, et al. Productivity Growth and its Components in Chinese Agriculture after Reforms [J]. Review of Development Economics, 2001, 5 (3): 375-391.

[159] Xu Y F. Agricultural Productivity in China [J]. China Economic Review, 1999, 10 (2): 108-121.

[160] You L Z, Stanley W, Rosegrant Mark W, et al. Impact of Global Warming on Chinese Wheat Productivity [P]. 2005.

[161] Yu J, Lee L. Convergence: A Spatial Dynamic Panel Data Approach [J]. Global Journal of Economics, 2012, 1 (1): 1-37.

[162] Zhang B, Carter C A. Reforms, the Weather, and Productivity Growth in China's Grain Sector [J]. American Journal of Agricultural Economics, 1997, 79 (4): 1266-1277.

[163] Zhang J W. The Economic Consequences of the Aging of Population

and Strategy [J]. Hunan Social Science, 2006 (4): 87-91.

[164] Zhang L, De Brauw A, Rozelle S. China's Rural Labor Market Development and its Gender Implications [J]. China Economic Review, 2004, 15 (2): 230-247.

[165] Zhang Z, Liu A, Yao S. Convergence of China's Regional Incomes: 1952-1997 [J]. China Economic Review, 2001, 12 (2): 243-258.

[166] Zhong H. The Impact of Population Aging on Income Inequality in Developing Countries: Evidence from Rural China [J]. China Economic Review, 2011, 22 (1): 98-107.

[167] 白菊红. 农村人力资本积累与农民收入研究 [M]. 北京: 中国农业出版社, 2004.

[168] 蔡昉, 都阳. 区域差距, 趋同与西部开发 [J]. 中国工业经济, 2001 (2): 48-54.

[169] 曹国良, 张小曳, 王丹, 郑方成. 秸秆露天焚烧排放的 TSP 等污染物清单 [J]. 农业环境科学学报, 2005, 24 (4): 800-804.

[170] 陈安平, 李国平. 中国地区经济增长的收敛性: 时间序列的经验研究 [J]. 数量经济技术经济研究, 2004 (11): 31-35.

[171] 陈刚, 王燕飞. 农村教育、制度与农业生产率——基于中国省级层面数据的实证研究 [J]. 农业技术经济, 2010 (6): 18-27.

[172] 陈诗一. 能源消耗, 二氧化碳排放与中国工业的可持续发展 [J]. 经济研究, 2009 (4): 41-55.

[173] 陈诗一. 中国的绿色工业革命: 基于环境全要素生产率视角的解释 (1980—2008) [J]. 经济研究, 2010 (11): 21-34.

[174] 陈书章, 宋春晓, 宋宁, 马恒远. 小麦生产 TFP 的区域比较分析 [J]. 河南农业大学学报, 2013 (3): 358-362.

[175] 陈卫平. 我国玉米全要素生产率增长及其对产出的贡献 [J]. 经济问题, 2006 (2): 40-42.

[176] 陈卫平. 中国农业生产率增长、技术进步与效率变化: 1990~

2003 年 [J]. 中国农村观察，2006（1）：18.

[177] 陈锡文，陈昱阳，张建军. 中国农村人口老龄化对农业产出影响的量化研究 [J]. 中国人口科学，2011（2）：39-46.

[178] 陈耀邦. 发展中国特色现代农业的思考 [J]. 华中农业大学学报（社会科学版），2010（4）：1-4.

[179] 程国强，朱满德. 中国农业实施全球战略的路径选择与政策框架 [J]. 改革，2014（1）：109-123.

[180] 程红，高建中. 发展以秸秆还田为对象的农业碳汇项目的 SWOT 分析——以宝鸡市为例 [J]. 安徽农业科学，2011，（31）：19375-19376.

[181] 程绍珍. 农业女性化趋势与农村女性人力资本关系的实证研究 [J]. 郑州大学学报（哲学社会科学版），1998（3）：83-88.

[182] 邓宗兵. 中国农业全要素生产率增长及其影响因素研究 [D]. 重庆：西南大学，2010.

[183] 杜志雄，檀学文. 低碳农业与发展低碳食品体系三条途径 [J]. 理论探讨，2010（5）：63-66.

[184] 段华平，牛永志，卞新民. 耕作方式和秸秆还田对直播稻田土壤有机碳及水稻产量的影响 [J]. 水土保持通报，2012，32（3）：23-27.

[185] 范定祥，廖进中. 农业源碳减排的进化博弈分析 [J]. 统计与决策，2011（1）：40-42.

[186] 范金，严斌剑. 长三角都市圈劳动生产率的收敛性检验：1991—2005 [J]. 世界经济文汇，2008（3）：34-45.

[187] 冯海发. 总要素生产率与农村发展 [J]. 当代经济科学，1993（2）：56-64.

[188] 付翔. 我国农业生产率区域收敛性及其机制研究 [D]. 重庆：重庆大学，2007.

[189] 高梦滔，姚洋. 农户收入差距的微观基础：物质资本还是人力资本？[J]. 经济研究，2006（12）：71-80.

[190] 高帅，王征兵. 粮食全要素生产率增长及收敛分析——以陕西省

32 个产粮大县为例 [J]. 中国科技论坛，2012，10（10）：138-143.

[191] 高小贤. 当代中国农村劳动力转移及农业女性化趋势 [J]. 社会学研究，1994（2）：83-90.

[192] 公茂刚. 发展中国家粮食安全研究 [D]. 长春：东北师范大学，2010.

[193] 顾海，孟令杰. 中国农业 TFP 的增长及其构成 [J]. 数量经济技术经济研究，2002（10）：15-18.

[194] 郭爱君，贾善铭. 经济增长 β 收敛研究：基于西部地区 1952—2007 年的省级面板数据 [J]. 兰州大学学报（社会科学版），2010，38（4）：123-130.

[195] 郭军华，李帮义. 区域农业全要素生产率测算及其收敛分析 [J]. 系统工程，2009，27（12）：31-32.

[196] 韩海彬，赵丽芬. 环境约束下中国农业全要素生产率增长及收敛分析 [J]. 中国人口·资源与环境，2013，23（3）：70-76.

[197] 韩晓燕，翟印礼. 中国农业生产率的地区差异与收敛性研究 [J]. 农业技术经济，2005（6）：52-57.

[198] 韩召迎，孟亚利，徐娇，吴悠，周治国. 区域农田生态系统碳足迹时空差异分析——以江苏省为案例 [J]. 农业环境科学学报，2012，31（5）：1034-1041.

[199] 何福平. 农村劳动力老龄化对我国粮食安全的影响 [J]. 求索，2010（11）：74-76.

[200] 何军，李庆，张姝弛. 家庭性别分工与农业女性化——基于江苏 408 份样本家庭的实证分析 [J]. 南京农业大学学报（社会科学版），2010（1）：50-56.

[201] 何小勤. 农业劳动力老龄化研究——基于浙江省农村的调查 [J]. 人口与经济，2013（2）：69-77.

[202] 侯风云. 中国农村人力资本收益率研究 [J]. 经济研究，2004（12）：75-84.

［203］侯风云．中国人力资本投资与城乡就业相关性研究［M］．上海：上海三联书店、上海人民出版社，2007．

［204］胡雪枝，钟甫宁．农村人口老龄化对粮食生产的影响——基于农村固定观察点数据的分析［J］．中国农村经济，2012（7）：29-39．

［205］胡雪枝，钟甫宁．人口老龄化对种植业生产的影响——基于小麦和棉花作物分析［J］．农业经济问题，2013（2）：36-43．

［206］胡岩岩．中国农业全要素生产率、地区差异及收敛性研究［D］．南京：南京农业大学，2010．

［207］黄季焜，马恒运．中国主要农产品的生产成本与主要国际竞争者的比较［J］．中国农村经济，2000（5）：17-21．

［208］黄了．农民城市流动对其婚姻家庭生活的影响［J］．甘肃农业，2006（3）：79-80．

［209］黄少安，孙圣民，宫明波．中国土地产权制度对农业经济增长的影响［J］．中国社会科学，2005（3）：38-47．

［210］黄振华．技术进步、人力资本与中国农业发展——1985—2005年中国农业技术进步率的实证与比较［J］．财经问题研究，2008（3）：124-128．

［211］纪志耿．中国粮食安全问题反思——农村劳动力老龄化与粮食持续增产的悖论［J］．厦门大学学报（哲学社会科学版），2013（2）：38-46．

［212］金琳，李玉娥，高清竹，刘运通，万运帆，秦晓波，石锋．中国农田管理土壤碳汇估算［J］．中国农业科学，2008（3）：734-743．

［213］金一虹．农村妇女发展的资源约束与支持［J］．浙江学刊，2000（6）：72-75．

［214］亢霞，刘秀梅．我国粮食生产的技术效率分析——基于随机前沿分析方法［J］．中国农村观察，2005（4）：25-32．

［215］匡远凤．技术效率、技术进步、要素积累与中国农业经济增长——基于SFA的经验分析［J］．数量经济技术经济研究，2012（1）：3-18．

［216］李波，张俊飚，李海鹏．中国农业碳排放时空特征及影响因素分解［J］．中国人口·资源与环境，2011，21（8）：80-85．

［217］李波，张俊飚，李海鹏．中国农业碳排放与经济发展的实证研究［J］．干旱区资源与环境，2011（12）：8-13．

［218］李谷成，冯中朝，占绍文．家庭禀赋对农户家庭经营技术效率的影响冲击——基于湖北省农户的随机前沿生产函数实证［J］．统计研究，2008，25（1）：35-42．

［219］李谷成，冯中朝．教育、健康与农民收入增长［J］．中国农村经济，2006（1）：66-74．

［220］李谷成．技术效率、技术进步与中国农业生产率增长［J］．经济评论，2009（1）：60-68．

［221］李谷成．人力资本与中国区域农业全要素生产率增长［J］．财经研究，2009（8）：115-128．

［222］李谷成．中国农村经济制度变迁、农业生产绩效与动态演进［J］．制度经济学研究，2009（3）：20-54．

［223］李国平，陈安平．中国地区经济增长的动态关系研究［J］．当代经济科学，2004，26（2）：1-5．

［224］李国志，李宗植．中国农业能源消费碳排放因素分解实证分析——基于 LMDI 模型［J］．农业技术经济，2010（10）：66-72．

［225］李静，李谷成，冯中朝．油料作物主产区全要素生产率与技术效率的随机前沿生产函数分析［J］．农业技术经济，2013（7）：85-93．

［226］李静，孟令杰．中国农业生产率的变动与分解分析：1978—2004年［J］．数量经济技术经济研究，2006（5）：1-19．

［227］李澜，李阳．我国农业劳动力老龄化问题研究——基于全国第二次农业普查数据的分析［J］．农业经济问题，2009（6）：61-66．

［228］李立辉，曾福生．新常态下中国粮食安全面临的问题及路径选择——基于日本、韩国的经验和启示［J］．世界农业，2016（1）：75-78．

［229］李录堂，薛继亮．中国农业生产率增长变化趋势研究：1980～

2006 [J]. 上海财经大学学报, 2008, 10 (4): 76-83.

[230] 李旻, 赵连阁. 农业劳动力"女性化"现象及其对农业生产的影响——基于辽宁省的实证分析 [J]. 中国农村经济, 2009 (5): 61-69.

[231] 李颖. 农业碳汇功能及其补偿机制研究——以粮食作物为例 [D]. 泰安: 山东农业大学, 2014.

[232] 李跃飞, 王建飞. 中国粮食作物秸秆焚烧排碳量及转化生物炭固碳量的估算 [J]. 农业工程学报, 2013, 29 (14): 1-7.

[233] 廖薇. 土壤碳汇功能与农户耕作行为演变激励 [J]. 技术经济, 2009, 28 (3): 45-49.

[234] 林本喜, 邓衡山. 农业劳动力老龄化对土地利用效率影响的实证分析——基于浙江省农村固定观察点数据 [J]. 中国农村经济, 2012 (4): 15-25.

[235] 林光平, 龙志和, 吴梅. 我国地区经济收敛的空间计量实证分析: 1978—2002 年 [J]. 经济学 (季刊), 2005 (4): 67-82.

[236] 林毅夫, 刘明兴. 中国经济的增长收敛与收入分配 [J]. 世界经济, 2003 (8): 3-14.

[237] 林毅夫, 刘培林. 中国的地区发展战略与地区收入差距 [J]. 经济研究, 2003 (3): 19-25.

[238] 林毅夫. 发展战略, 自生能力和经济收敛 [J]. 经济学 (季刊), 2002, 1 (2): 269-300.

[239] 刘强. 中国经济增长的收敛性分析 [J]. 经济研究, 2001 (6): 70-77.

[240] 刘树坤, 杨汭华. 中国玉米生产的技术效率损失测算 [J]. 甘肃农业大学学报, 2005 (3): 389-395.

[241] 刘涛, 张志强, 雷明. 农业低碳经济持续发展的作用机理: 基于动态博弈分析的视角 [J]. 科技进步与对策, 2011 (4): 89-92.

[242] 刘夏明, 魏英琪, 李国平. 收敛还是发散? ——中国区域经济发展争论的文献综述 [J]. 经济研究, 2004 (7): 70-81.

[243] 刘晓昀，辛贤．中国农村劳动力非农就业的性别差异 [J]．经济学（季刊），2003，2（3）：711-717．

[244] 刘筱红，姚德超．农业女性化现象及其形成机制分析 [J]．湖南科技大学学报（社会科学版），2012，15（4）：99-102．

[245] 刘玉铭，刘伟．土地制度、科技进步与农业增长 [J]．经济科学，2007（2）：52-58．

[246] 刘允芬．中国农业系统碳汇功能 [J]．农业环境保护，1998（5）：197-202．

[247] 逯非，王效科，韩冰，欧阳志云，郑华．稻田秸秆还田：土壤固碳与甲烷增排 [J]．应用生态学报，2010，21（1）：99-108．

[248] 罗吉文．低碳农业经济效益的测评与实证 [J]．统计与决策，2010（24）：78-81．

[249] 罗吉文．低碳农业发展模式探析 [J]．生态经济，2010（12）：142-144．

[250] 马草原．非农收入、农业效率与农业投资——对我国农村劳动力转移格局的反思 [J]．经济问题，2009（7）：66-69．

[251] 马林静，王雅鹏，吴娟．中国粮食生产技术效率的空间非均衡与收敛性分析 [J]．农业技术经济，2015（4）：4-12．

[252] 马文杰．中国粮食综合生产能力研究 [M]．北京：科学出版社，2010：6-59．

[253] 闵锐，李谷成．环境约束条件下的中国粮食全要素生产率增长与分解——基于省域面板数据与序列 Mal. mquist-Luenberger 指数的观察 [J]．经济评论，2012（5）：34-42．

[254] 闵锐，李谷成．转型期湖北省粮食绿色全要素生产率增长与分解——基于全国宏观横向比较的维度 [J]．湖北大学学报（哲学社会科学版），2014，41（1）：137-141．

[255] 闵锐．粮食全要素生产率：基于序列 DEA 与湖北主产区县域面板数据的实证分析 [J]．农业技术经济，2012（1）：47-55．

[256] 潘丹，应瑞瑶．资源环境约束下的中国农业全要素生产率增长研究 [J]．资源科学，2013，35（7）：1329-1338．

[257] 潘丹．考虑资源环境因素的中国农业生产率研究 [D]．南京：南京农业大学，2013．

[258] 庞丽华．中国农村老人的劳动供给研究 [J]．经济学（季刊），2003，2（3）：721-730．

[259] 彭国华．中国地区收入差距、全要素生产率及其收敛分析 [J]．经济研究，2005（9）：19-29．

[260] 钱雪亚，张小蒂．农村人力资本积累及其收益特征 [J]．中国农村经济，2000（3）：25-31．

[261] 乔榛，焦方义，李楠．中国农村经济制度变迁与农业增长 [J]．经济研究，2006（7）：73-82．

[262] 曲兆鹏，赵忠．老龄化对我国农村消费和收入不平等的影响 [J]．经济研究，2008（12）：85-99．

[263] Rozelle S，黄季焜．中国的农村经济与通向现代工业国之路 [J]．经济学（季刊），2005（3）：1019-1042．

[264] 沈坤荣，马俊．中国经济增长的"俱乐部收敛"特征及其成因研究 [J]．经济研究，2002（1）：33-39．

[265] 石慧，孟令杰，王怀明．中国农业生产率的地区差距及波动性研究——基于随机前沿生产函数的分析 [J]．经济科学，2008（3）：20-33．

[266] 石慧，孟令杰．中国省际间农业全要素生产率差距影响因素分析 [J]．南京农业大学学报（社会科学版），2007（2）：28-34．

[267] 石正国，延晓冬，尹崇华，等．人类土地利用的历史变化对气候的影响 [J]．科学通报，2007，52（12）：1436-1444．

[268] 史常亮，金彦平．中国粮食供给与需求状况变迁：1978—2010 [J]．经济研究参考，2013（56）：51-60．

[269] 宋斌文．农村劳动力转移对农村老龄化的影响及其对策建议 [J]．公共管理学报，2004，1（2）：74-79．

[270] 滕建州，梁琪．中国区域经济增长收敛吗？——基于时序列的随机收敛和收敛研究 [J]．管理世界，2007（12）：32-41．

[271] 涂正革，肖耿．中国的工业生产力革命 [J]．经济研究，2005（3）：4-15．

[272] 王兵，吴延瑞，颜鹏飞．中国区域环境效率与环境全要素生产率增长 [J]．经济研究，2010（5）：95-109．

[273] 王兵，朱宁．不良贷款约束下的中国上市商业银行效率和全要素生产率研究——基于SBM方向性距离函数的实证分析 [J]．金融研究，2011（1）：110-130．

[274] 王明利，吕新业．我国水稻生产率增长、技术进步与效率变化 [J]．农业技术经济，2006（6）：24-29．

[275] 王小彬，武雪萍，赵全胜，邓祥征，蔡典雄．中国农业土地利用管理对土壤固碳减排潜力的影响 [J]．中国农业科学，2011（11）：2284-2293．

[276] 王修兰．全球农作物对大气 CO_2 及其倍增的吸收量估算 [J]．气象学报，1996，54（4）：466-473．

[277] 王雅鹏．推进湖北省现代农业发展的思考 [J]．华中农业大学学报（社会科学版），2011（4）：1-5．

[278] 王铮，葛昭攀．中国区域经济发展的多重均衡态与转变前兆 [J]．中国社会科学，2002（4）：31-39．

[279] 王志刚．质疑中国经济增长的条件收敛性 [J]．管理世界，2004（3）：25-30．

[280] 魏后凯．中国地区发展：经济增长，制度变迁与地区差异 [M]．北京：经济管理出版社，1997．

[281] 文华成．中国农业劳动力女性化：程度，成因与影响——基于历史宏观截面数据的验证 [J]．人口学刊，2014，36（4）：64-73．

[282] 吴海盛．农村老人生活质量现状及影响因素分析——基于江苏省农户微观数据的分析 [J]．农业经济问题，2009（10）：44-50．

［283］吴军．环境约束下中国地区工业全要素生产率增长及收敛分析［J］．数量经济技术经济研究，2009，（11）：17-27.

［284］吴军．环境约束下中国经济增长绩效研究［D］．武汉：华中科技大学，2010.

［285］吴丽丽，郑炎成，李谷成．碳排放约束下我国油菜全要素生产率增长与分解——来自13个主产区的实证［J］．农业现代化研究，2013，34（1）：77-80.

［286］吴易风．马克思的经济增长理论模型［J］．经济研究，2007（9）：11-18.

［287］吴玉鸣．中国省域经济增长趋同的空间计量经济分析［J］．数量经济技术经济研究，2006，12（11）：101-108.

［288］夏起昕．秸秆还田对免耕稻田温室气体排放及土壤有机碳固定的影响［J］．农业环境科学学报，2011，30（11）：2362-2367.

［289］夏庆利．基于碳汇功能的我国农业发展方式转变研究［J］．生态经济，2010（10）：106-109.

［290］项云帆，王少平．基于空间Panel Data的中国区域人均GDP收敛分析［J］．中国地质大学学报（社会科学版），2007（5）：77-82.

［291］徐娜，张莉琴．劳动力老龄化对我国农业生产效率的影响［J］．中国农业大学学报，2014，19（4）：227-233.

［292］许燕萍，陈晖，卢向荣，刘炜．土地利用方式对土壤有机碳储量的影响［J］．安徽农学通报，2008，14（17）：93-94.

［293］薛建良，李秉龙．基于环境修正的中国农业全要素生产率度［J］．中国人口·资源与环境，2011（5）：113-118.

［294］杨长福，张黎．我国农业人口老龄化对现代农业的影响及对策［J］．农业现代化研究，2013，34（5）：522-526.

［295］杨春，陆文聪．中国玉米生产率增长、技术进步与效率变化：1990-2004［J］．农业技术经济，2007（4）：34-40.

［296］杨景成，韩兴国，黄建辉．土地利用变化对陆地生态系统碳贮量

的影响 [J]. 应用生态学, 2003 (8): 1385-1390.

[297] 杨俊, 杨钢桥, 胡贤辉. 农业劳动力年龄对农户耕地利用效率的影响——来自不同经济发展水平地区的实证 [J]. 资源科学, 2011, 33 (9): 1691-1698.

[298] 杨伟民. 地区间收入差距变动的实证分析 [J]. 经济研究, 1992 (1): 70-74.

[299] 杨小燕. 农业女性化与性别歧视 [J]. 山西高等学校社会科学学报, 2008, 20 (8): 52-55.

[300] 杨正林. 农村经济制度变迁与农业增长因素的贡献度 [J]. 改革, 2007 (11): 49-54.

[301] 姚延婷, 陈万明. 农业温室气体排放现状及低碳农业发展模式研究 [J]. 科技进步与对策, 2010 (11): 48-51.

[302] 应瑞瑶, 潘丹. 中国农业全要素生产率测算结果的差异性研究——基于 Meta 回归分析方法 [J]. 农业技术经济, 2012 (3) 47-54.

[303] 余建斌, 乔娟, 龚崇高. 中国大豆生产的技术进步和技术效率分析 [J]. 农业技术经济, 2007 (4): 41-47.

[304] 袁蓓. 劳动力老龄化对劳动生产效率的影响——基于劳动力非完全替代的分析 [J]. 生产力研究, 2009 (14): 24-26.

[305] 曾先峰, 李国平. 我国各地区的农业生产率与收敛: 1980—2005 [J]. 数量经济技术经济研究, 2008 (5): 82-91.

[306] 张德纯. 低碳农业中的蔬菜产业 [J]. 中国蔬菜, 2010 (9): 1-3.

[307] 张凤华. 新农村建设背景下的农村女性民主参与 [J]. 江海学刊, 2008 (3): 124-128.

[308] 张各兴. 中国电力工业: 技术效率与全要素生产率研究 [D]. 上海: 复旦大学, 2011.

[309] 张海波. 我国粮食主产区农业全要素生产率增长及收敛研究 [D]. 武汉: 华中农业大学, 2012.

［310］张乐，曹静．中国农业全要素生产率增长：配置效率变化的引入——基于随机前沿生产函数法的实证分析［J］．中国农村经济，2013（3）：4-15.

［311］张学良．中国区域经济收敛的空间计量分析——基于长三角1993~2006年132个县市区的实证研究［J］．财经研究，2009，35（7）：100-109.

［312］张雪梅．我国玉米生产增长因素分析［J］．农业技术经济，1999（2）：32-35.

［313］张艳华，刘力．农村人力资本对农村经济增长贡献的实证分析［J］．中央财经大学学报，2006（8）：61-65.

［314］张永霞．中国农业生产率测算及实证研究［D］．北京：中国农业科学院，2006.

［315］章祥荪，贵斌威．中国全要素生产率分析：Mal. mquist指数法评述与应用［J］．数量经济技术经济研究，2008（6）：111-122.

［316］赵贵玉，王军，张越杰．基于参数和非参数方法的玉米生产效率研究［J］．农业经济问题，2009（2）：16-21.

［317］赵洪斌．改革开放以来中国农业技术进步了演进的研究［J］．财经研究，2004（12）：91-100.

［318］赵蕾，杨向阳，王怀明．改革以来中国省际农业生产率的收敛性分析［J］．南开经济研究，2007（1）：107-114.

［319］赵庆建，温作民，张华明．CDM机制下森林碳汇潜力估算与市场开发政策创新［J］．科技与管理，2011，13（6）：56-59.

［320］赵芝俊，袁开智．中国农业技术进步贡献率测算及分解：1985—2008［J］．农业经济问题，2009（3）：28-36.

［321］赵芝俊，张社梅．近20年中国农业技术进步贡献率的变动趋势［J］．中国农村经济，2006（3）：4-12.

［322］郑晶，温思美．制度变迁对我国农业增长的影响：1988—2005［J］．改革，2007（7）：40-47.

［323］中华人民共和国国务院新闻办公室．中国的粮食问题［M］．北

京：人民出版社，1996.

[324] 周丕东．农业女性化及其影响研究：基于贵州省六个村的实证分析 [J]．贵州农业科学，2009，37（5）：214-218.

[325] 周晓，朱农．人力资本对中国农村经济增长的作用 [J]．中国人口科学，2003（6）：32-37.

[326] 朱希刚．农业生产函数概述（六）[J]．农业经济，1984（3）：41-48.

[327] 邹薇，张芬．农村地区收入差异与人力资本积累 [J]．中国社会科学，2006（2）：76-97.

[328] 祖立义，傅新红，李冬梅．我国种植业全要素生产率及影响因素研究 [J]．农村经济，2008（5）：51-53.

后　记

　　中国粮食安全的演进史是一部不断突破认知边界、重构生产逻辑的文明史。从以粮为纲到藏粮于地、藏粮于技，从数量安全到系统韧性，粮食安全的每一次战略转向都深刻体现时代命题。在工业化、城镇化与全球气候变化的多重冲击下，传统要素驱动的增长模式已逼近生态阈值，而新质生产力的勃兴、大农业观的觉醒与大食物观的深化，正共同推动粮食安全从"生存保障"向"可持续发展"的转变。这种转变不仅需要技术进步的支持，更体现人与自然关系的进一步深化。绿色全要素生产率，不仅是对传统生产模式的反思，更是对农业文明演进逻辑的重新界定。它从效率、生态与伦理三个维度，重构了粮食安全的底层逻辑。

　　新质生产力的崛起，颠覆了传统农业以土地、劳动力为核心的线性生产函数。数字技术、生物技术与智能装备的深度融合，使数据、算法与生态价值成为新的生产要素。这一过程不仅意味着技术工具的创新，更在于重构农业的价值创造逻辑——从要素替代转向系统共生。新质生产力的本质是通过技术革命将外部性内部化，使生态成本转化为生产函数的内生变量，从而在效率与可持续性之间建立新的均衡点。这种转型的本质是对传统增长逻辑的解构：当数字孪生技术精准模拟作物生长节律、当合成生物学重写碳氮代谢路径、当智能装备集群自主优化要素配置，技术不再仅是工具变量的延伸，而是成为重构农业价值的内生变量。新质生产力的核心特征体现为三重突破：其一，生产要素的虚拟化拓展，数据作为新型生产资料，通过算法中介实现跨时空配置，大幅降低信息不对称导致的资源错配；其二，能量转化路径的多元化创新，突破光合作用效率的物理极限，地热能、微生物代谢等非传统能量载体开辟新的生产力源泉；其三，生态价值的显性化计量，将土壤碳汇、生物多样性维护等外部性收益纳入生产函数，推动农业从经济产出单维竞争力转向生态、经济与社会综合效能的立体评价。这种生产力范式的转换，要求理论研究超越技术中性论的窠臼，深入剖析技术促进经济生态协同机制。

大农业观的提出，是对就粮论粮思维定式的突破。它打破耕地的物理边界，将粮食生产置于山水林田湖草沙等生命共同体的宏观视野中，重新定义农业的时空维度与功能价值。在空间维度上，大农业观主张以立体开发替代平面扩张：海洋牧场的垂直生产力释放、植物工厂的多层光能利用、林下经济的复合生态效益，共同构建陆、海、空协同的食物生产链。在时间维度上，它强调代际公平的价值取向，将耕地质量、水资源可持续性等长期变量纳入决策框架，避免竭泽而渔的短视行为。此外，大农业观重构了人类在生态系统中的角色认知：从自然资源的掠夺者转变为生态过程的参与者，从单一产品的索取者进化为系统服务的共建者。这种认知的转变要求建立全新的效率评价体系：不仅衡量单位土地的粮食产出，更需要评估水土保持、碳汇增益和文化传承等多元价值；不仅关注当期经济收益，更要核算生态资本的跨期折现。以上整体性发展思维，为破解高污染和高消耗的恶性循环提供了理论基础。

大食物观的深化，本质上是对粮食安全内涵的深化。大食物观打破谷物中心主义的认知局限，将食物供给体系从耕地拓展至森林、海洋、微生物等非传统空间，从能量摄入升级为营养均衡、文化认同与主权安全的多样化目标。大食物观的理论深化包含三个理论支点：其一，食物来源多元化。通过开发菌类蛋白、细胞培养肉等新型食物资源，减轻对传统耕地的依赖压力；其二，食物结构高级化。从满足热量需求转向优化氨基酸组成、脂肪酸比例等营养指标，满足居民膳食结构升级的深层需求；其三，食物主权可控化。构建核心自给、多元进口与技术替代的韧性供应链，在开放经济中平衡自主可控与贸易互惠的关系。大食物观的实践意义在于，它将粮食安全从防御性保障转化为主动性创新，推动农业从资源密集型产业转向知识密集型产业。在此过程中，绿色全要素生产率的测度标准面临根本性挑战：如何建立跨越土地、水域和实验室等不同介质，以及跨越谷物、蛋白和微量元素等不同品类的统一效率衡量尺度？这要求理论研究需要突破同质性假设，发展异质性系统的比较分析方法。

绿色全要素生产率的提出，为新质生产力、大农业观与大食物观的协同演进提供了理论接口。其创新性体现在以下方面：首先，多元评价。将生态服务、文化传承等非市场价值内化为效率参数，构建经济、生态和社会三位一体的评价体系。其次，时空延展。通过动态权重分配反映不同代际、区域的偏好差异，破解传统效率指标的静态局限。最后，系统韧性，引入气候适应性、供应链弹性等指标，衡量外部冲击下的可持续生产能力。绿色全要素生产率的理论突破在于，它不再将环境约束视为外生变量，而是作为生产系统的内生要素，重新定义了效率的内涵——既包含要素配置的技术最优，也涵盖生态系统的稳态维持。这种整合为政策设计提供了新思路：粮食安全目标不应局限于产量数字的刚性约束，而应追求绿色全要素生产率的持续改进，通过提升系统韧性实现质量与数量提升的帕累托优化。

中国农业的"大国小农"特征，既是历史沉淀的国情底色，也是现代化转型的独特约束。2.3亿小农户经营着全国80%的耕地，户均规模不足10亩的碎片化格局，无法有效满足农业强国要求的规模化、集约化、生态化目标。破解这一矛盾，需以绿色全要素生产率为枢纽，构建小农适配型的绿色转型模式，在保护农户生计的同时实现生产力提升，走出一条区别于西方大规模农场模式的农业强国之路。

中国农业的绿色全要素生产率提升之路，是一条不同于西方工业化农业的独特路径。它既非单纯依靠技术替代的效率至上主义，也不是牺牲发展的生态原教旨主义，而是在大国小农的国情底色下，以系统思维融合传统农耕智慧、制度创新与技术变革，构建的效率、公平和生态三位一体的发展模式。将稻田养鱼、桑基鱼塘等传统复合种养模式，与现代循环农业技术相结合，形成立体种养与废弃物资源化的良性循环。面对人均一亩三分地的现实约束，中国绿色全要素生产率提升的技术路径不应只遵循大机械替代小农户的单一思维，而是应该更多发展轻简化、包容性与可负担的绿色技术体系。针对耕地细碎化和分散化的实际情况，可以研发适用丘陵地区的小型电动播种机以及智能节水灌溉系统，并通过农机合作社等途径降低微型智能装备施用成本。利用区块链技术建立小农绿色产品溯源系统，消费者可查看种植过程的碳排放、农药使用等数据，助力"小而美"的生态农产品溢价销售。选育抗逆性强、适合间作套种的地方品种，降低对农业资源的依赖。发展田园综合体，将农业生产、生态旅游、文化体验深度融合，使农田成为城市居民的生态文明课堂与农耕文化体验空间。实现农业的绿色生产需要实施跨部门协同机制，整合农业农村部、生态环境部、科技部的政策资源，有效解决职能分割导致的政策碎片化。创新绿色供应链等金融产品，银行可根据企业采购生态农产品的比例提供优惠贷款，推动产业链整体绿色转型。培育生态农业合作社，通过统一种植标准、共享技术设备，破解小农户绿色转型的规模瓶颈。培训返乡青年担任绿色技术推广员，打通技术落地的"最后一公里"。

中国特色的绿色全要素生产率提升之路，既是对传统农耕文明的创造性转化，也是对现代性困境的回应。绿色全要素生产率表明农业的现代化并非只有大规模机械化的单行道，在精耕细作的传统智慧与现代科技的碰撞中，在政府引导与市场活力的交织中，在生态保护与民生改善的平衡中，同样可以走出一条高效、包容与可持续的发展道路。